INOCENTE

VIVALUZ EDITORA ESPÍRITA LTDA.
Telefone: (11) 4412-1209
atendimento@vivaluz.com.br
Vivaluz@vivaluz.com.br

1º Edição - Março 2017

Preparação e Revisão
Alessandro Thomé

Capa e diagramação
Marina Avila

Coordenação editorial
Alexandre Marques

Impressão
Lis Gráfica

vivaluz
editora

Dados Internacionais de Catalogação na Publicação (CIP)
(Câmara Brasileira do Livro, SP, Brasil)

Carneiro, Sandra
Inocente : 2017 / Sandra Carneiro ;
Atibaia, SP : Vivaluz Editora 2017.

ISBN: 978-85-89202-46-6

1. Espiritismo 2. Psicografia 3. Romance espírita
I. Carneiro, Sandra. II. Título.

Coleção Exploradores da Luz - Volume 4

CDD: 133.9

Índice para catálogo sistemático:
1. Romance espírita : Espiritismo 133.9

www.vivaluz.com.br
twitter.com/@VivaluzEditora
facebook.com/VivaluzEditora
youtube.com/vivaluzeditora

SANDRA CARNEIRO

pelo espírito BENTO JOSÉ

INOCENTE

REALISMO ESPÍRITA

Coleção Exploradores da Luz | Volume 4

Capítulo 1

ERAM QUASE SEIS HORAS da tarde, e o céu se coloria de um azul que puxava para o lilás. A luz do sol no entardecer vazava por entre as nuvens tênues, e o ar se impregnava de um perfume delicado e sutil, muito agradável.

Do banco onde estava sentado, eu podia apreciar o lindo fim de tarde. Senti saudades de Paula. Lembrava-me de quando nos encontrávamos, conversando por horas enquanto a tarde se esvaía e a noite chegava, e enquanto eu pensava nela, sentia-me viajando no tempo. Lembrei-me daquele sorriso que eu adorava. E assim, permitindo-me relembrar com detalhes aqueles deliciosos momentos, desliguei-me de tudo ao redor. Observava o entardecer, mas enxergava o rosto de Paula. E me lembrava nitidamente de sua voz, como se ela estivesse ali ao meu lado.

— Você não vai desistir agora, seu medroso. Estamos

prontos para nos apresentar. – Ela falava sobre a banda Siderado, que havíamos montado.

Depois revivi nós dois sobre a moto.

— Corre mais! É pura emoção! – Ela tinha bebido muito e desejava mais adrenalina.

O ônibus me apareceu na memória em cores nítidas e vibrantes. O baque. De repente, tudo ficou escuro. Eu ouvia vozes, depois choro, e eu parecia estar suspenso, como se o tempo e o espaço tivessem desaparecido.

Paula também desapareceu. Suspirei sentindo o impacto daquelas memórias em meu emocional. Cada sentimento, cada pensamento, tudo era muito vivo. Então me lembrei de minha última e recente experiência na Crosta. Eu reencontrava Paula, e agora ela estava de volta ao plano físico, ocupando um corpo frágil e deficiente em muitos aspectos. Era agora a pequena Bela, e voltara à mesma família por meio dos processos benditos da adoção – ainda tão necessária no Planeta. Sorri meio bobo ao me lembrar do rostinho dela, mas logo em seguida senti medo, e meu coração acelerou, porque comecei a pensar em minha nova tarefa e me apavorei.

Olhava fixamente para o chão, pedindo socorro intimamente. Sabia que tinha ainda muitas limitações, poucos conhecimentos para aquilo que deveria fazer. E estava distraído quando senti uma mão gentil pousando sobre meu ombro.

— De cabeça baixa diante de um cenário tão magnífico?

Era Messias.

Sorri sem graça. O instrutor olhou-me nos olhos e, afastando-se ligeiramente, permitiu que eu visse quem o acompanhava.

— Esta é a querida Benedita – disse ele, apresentando-a a mim.

— Obrigada pelo carinho, Messias – respondeu a graciosa senhora com um sorriso doce.

Fitei a mulher de cabelos brancos e olhar penetrante. Seus olhos tinham um brilho intenso, e seu rosto estava iluminado por uma luz suave e discreta, o que não escondia seu ar de preocupação.

— Muito prazer. Como vai a senhora?

— O prazer é meu, Serginho. Ouvi falar muito bem de você e de suas atividades de ajuda na crosta da Terra e em regiões perigosas de nosso plano. Você é um jovem corajoso.

— Não cheguei a conhecer a senhora antes.

— Não. Retornei ao nosso plano quando Renato era pequeno. Ele nem se lembra de mim. Tenho tentado contato com meu neto, mas ele não me escuta. É por isso, entre outras coisas, que estou muito grata pelo seu auxílio. Ele conhece você muito bem. Vocês foram amigos por tanto tempo! Tenho esperanças de que essa amizade de vocês possa ajudar o Renato neste momento.

Imediatamente fiquei tenso, e Messias percebeu minha preocupação.

— O que foi, Serginho? Não deseja ir? - indagou o instrutor.

— Não, não é isso. - Olhei para Benedita e depois para Messias. - Eu quero ir, sim. É que...

Messias se manteve em silêncio, e me calei, hesitante.

— O que o preocupa, meu filho? - perguntou a avó de Renato - Sei que tem experiência nessas incursões.

— Pouca experiência, dona Benedita. Muito pouca. E o problema em que Renato se envolveu é tão sério!

Baixei a cabeça e voltei a erguê-la sem conseguir olhar para Messias ou dona Benedita. Meu olhar se perdeu no horizonte, agora já enegrecido.

Benedita olhou para Messias, e este balançou a cabeça e pousou o braço sobre meu ombro. A avó de Renato, que retomara a forma envelhecida atuando sobre seu próprio perispírito para tentar ser reconhecida e aproximar-se do neto, afastou-se sem dizer nada. Imaginei que agora ainda mais preocupada por constatar minha hesitação.

— O que o preocupa, Serginho? - insistiu Messias.

— Eu não sei - respondi inseguro. - Acho que estou com medo - comentei, finalmente assumindo meus sentimentos.

— É justo. Sua tarefa aqui é de grande responsabilidade.

— Pois é. Levantei as informações sobre a situação do Renato e da Pâmela, e está tudo bem complicado.

— Eu sei.

Olhei na direção de dona Benedita, que se afastava, agora em companhia de dois outros amigos espirituais.

— Ela não conseguiu nada sendo a avó dele. E ela é um ser mais evoluído do que eu. Posso ver seu brilho suave. Olhe para mim, Messias. Não tenho brilho algum!

O instrutor sorriu.

— Está com medo de não conseguir?

— Estou.

— E do que mais?

— De não conseguir. Não quero falhar.

— E por isso vai desistir? Vai deixar o medo te paralisar? E vai deixar o seu amigo perder essa oportunidade e comprometer ainda mais sua fé nas leis divinas sem fazer nada?

— Mas... eu não tenho recursos!

— Não pensou assim quando veio insistentemente procurar ajuda para resgatar Paula. Ao contrário. Fui eu quem tentou persuadi-lo sabendo que ainda não estava pronto. Mesmo assim você insistiu e seguiu na missão. Foi uma tarefa bastante difícil, mas você conseguiu.

— Agora é diferente.

— Por quê? Não sente o mesmo pelo Renato?

Fiquei alguns minutos em silêncio, depois explodi:

— Porque Lívia não está aqui!

— Eu já imaginava. E foi por isso que ela se afastou.

— Ela me disse que está se preparando para retornar ao planeta.

— Sim, mas não de imediato. Na verdade, pedi a ela que se afastasse um pouco. O regresso de Lívia ainda demora.

— Mas por que, Messias. Formamos uma dupla fantástica!

— Sim, eu sei. Mas você precisa se fortalecer, rapaz! Sua prima vai voltar ao orbe e precisará de toda a ajuda possível para ser bem-sucedida. Mesmo que não a acompanhe sempre, poderá ajudá-la em momentos importantes. Você precisa crescer espiritualmente, Serginho, precisa aprender a confiar em si e em Deus.

— Eu sei, mas ainda me sinto inseguro.

Messias me olhou pensativo. Depois se levantou decidido e disse:

— Vou tentar um tratamento de choque.

— Que tratamento?

— Vocês não irão hoje. Muito embora a situação de Renato peça ação imediata, liberarei Benedita. Precisarei de algumas horas, talvez até amanhã. Se eu não procurá-lo hoje, fique preparado para partir amanhã.

Eu continuava tenso e apreensivo.

Messias caminhou alguns passos, depois se virou e disse, enérgico:

— Ânimo, rapaz! Mantenha pensamentos positivos e nutra sentimentos de gratidão ao Criador. Mantenha vibrações mais elevadas. Vamos ver se conseguimos enviar você primeiro para cima, e depois você desce.

— Como assim?

— Faça o que lhe pedi: mantenha-se em vibrações elevadas e em trabalho de auxílio.

Messias saiu sem dar maiores explicações, me deixando ainda inseguro, mas agora cheio de curiosidade.

— O que será que Messias está aprontando? Subir para depois descer? O que será que ele está planejando? - Pensei alto.

Capítulo 2

DEPOIS QUE MESSIAS se afastou, fiquei ainda por longo tempo pensativo, tentando imaginar o que meu orientador estava planejando. Depois me levantei e caminhei em direção ao prédio onde ficava meu quarto. Observei ao longe uma grande movimentação e percebi que acabava de chegar um grupo de socorristas e socorridos da crosta. Olhei o caminho que me levaria ao quarto. Estava desanimado, e minha vontade era ir direto para o quarto e largar-me na cama. Queria pensar em Paula, na família, ativar as lembranças, para que elas se fizessem presentes e eu pudesse viver de novo aquelas emoções. Era o que eu queria fazer naquele momento.

Titubeei um pouco, vendo que os socorristas pediam ajuda para todos os que encontravam. Apertei o passo na direção do dormitório. No fundo da mente, parecia escutar as palavras de Messias ressoarem:

mantenha vibrações elevadas, mantenha-se em serviço... Parei. Virei-me e observei a agitação que continuava ao longe. Já estava no meio do caminho, mas fui na direção dos socorristas. Não conseguiria fazer outra coisa, precisava ajudar.

Assim que me juntei ao grupo, que não parava de aumentar, agrupando pessoas de todas as partes da colônia, me prontifiquei:

— O que houve? No que posso ajudar?

— Não há tempo para explicações agora. Houve uma grande catástrofe natural e estamos ajudando no socorro.

— No Brasil? Não sabia que algo dessa natureza estivesse por acontecer.

— Não foi no Brasil, mas estamos escalados para ajudar. O desencarne coletivo é muito grande, inclusive de alguns brasileiros.

— Como posso colaborar?

— Tem experiência nesse tipo de trabalho? - indagou a senhora que conduzia o grupo mais próximo de mim.

— Não - gaguejei. - Já ajudei aqui em várias ocasiões: acidentes, brigas...

— Está ótimo. Toda ajuda é bem-vinda. Peço que auxilie este grupo. Voltarei para buscar mais pessoas. A maioria não fala nosso idioma. Estão muito assustados, aturdidos. É preciso muita serenidade e paciência, principalmente se alguns deles forem agressivos. Está entendendo?

Ela falava e já indicava um rapaz mais agressivo que tentava se soltar e correr dali. Aproximei-me do rapaz e sorri. Sabia que não entenderia a linguagem das palavras, mas compreenderia a dos sentimentos. Olhei-o e deixei que a ternura e o carinho o envolvessem. Sentia profunda compaixão por aquele jovem arrancado da vida como eu mesmo o fora alguns anos antes. Sorri para o moço e, com os olhos marejados, ofereci água.

— Água. Quer água?

O olhar do outro era assustado. O rapaz procurava compreender o que lhe acontecera. Para isso, utilizava todos os seus sentidos. Mas com o espírito liberto da matéria, o jovem estava com a mente perturbada. Ela não podia processar as novas percepções, que eram agora apreendidas por todo o seu ser. O rapaz parecia ouvir com todo o seu corpo, sentia com toda a sua pele. As sensações eram completamente novas e diferentes, e a mente recém-liberta ainda não podia processar todas aquelas informações. E então, de súbito, o rapaz parou, olhou ao redor e desmaiou.

Corri para junto dele, e apesar de o rapaz ter o dobro do meu tamanho, tomei-o nos braços e o levei até o grande salão onde o grupo estava sendo socorrido. Muitos tratavam os recém-chegados, outros faziam preces, e depois de observar se alguém mais necessitava de mim, coloquei-me ao lado da cama do rapaz e comecei a vibrar. Eu queria saber mais sobre o ocorrido, mas mantive-me em silêncio. Não sabia que língua aquelas pessoas falavam. Parecia espanhol, mas era diferente. Português, somente alguns aqui e ali. Estava impressionado com a enorme quantidade de pessoas. Pareciam africanos, mas eu sabia que não eram.

Uma amiga passou por mim, compreendeu a dúvida em meu olhar e de pronto informou, sem interromper o que estava fazendo:

— Haiti.

Minha expressão era de dúvida, e ela explicou:

— Uma ilha na América Central.

— O que houve?

— Um terremoto devastou a ilha. O número de desencarne é grande, enorme. Fomos acionados daqui, junto com outras colônias.

— Quantos vieram para cá?

— Uns cinquenta. Nossa capacidade é limitada. Eles requerem auxílio. Estão apavorados e precisam se refazer.

— Quantos desencarnaram?

— Não sei.

Voltamos a nos concentrar no trabalho. Observando a movimentação, percebi quantos estavam machucados, com seus corpos mutilados. Outros tinham o olhar perdido, visivelmente em estado de choque. Até que uma moça brasileira entrou gritando desesperada e só se acalmou ao ouvir seu idioma. Não tinha consciência de que havia deixado o corpo físico.

Mais adiante, deparei-me com uma senhora brasileira, meiga e forte ao mesmo tempo. Ela estava muito machucada, mas insistia que queria se levantar e ajudar os outros.

— A senhora precisa descansar primeiro. Quando estiver melhor, poderá ajudar - disse a jovem que a socorrera enquanto tentava acalmá-la. Mas ela não queria saber. Tentava se levantar afirmando:

— Eu preciso ajudar, tenho de ajudar essa gente. Que desastre, meu Deus! Eles precisam de ajuda!

A jovem tocou seu ombro com carinho e disse:

— Senhora Zilda, sabemos de seu carinho e dedicação por essas pessoas, mas neste momento a melhor forma de ajudá-los é se refazendo. Vai precisar de toda a sua energia e forças para poder continuar fazendo seu trabalho.

Zilda olhou para a moça com lágrimas nos olhos e perguntou:

— Estamos todos mortos, não é? Eu vi quando o teto começou a desabar sobre nós. Foi terrível. Foram minutos que pareceram uma eternidade. Eu sabia que iria morrer.

As lágrimas desciam intensas pela face daquela valorosa servidora de Jesus. Melissa permanecia em silêncio, e Zilda Arns, apesar da natural perturbação que sucede o desencarne, estava lúcida, e prosseguiu:

— O teto cedeu de uma vez, e não vi mais nada. Depois acordei aqui, no meio deste tumulto. Pode me explicar o que está acontecendo?

Melissa abriu um largo sorriso.

— A senhora sabe o que aconteceu, pois tem consciência.

— Então estamos todos mortos.

— Acha isso?

Zilda olhou a intensa movimentação a sua volta. Como estariam mortos? Estavam todos vivos! Perturbados, confusos, feridos e assustados, mas vivos.

— Não compreendo.

— Peço que descanse. Está chegando alguém que a conhece bem e vem para auxiliá-la nesses primeiros dias de seu retorno ao mundo espiritual.

— Então é isso? Estou no céu?

— Pode-se dizer que sim.

Depois de ser medicada com fluído medicinal na água que sorvera, Zilda Arns adormeceu. Estava mais serena, consciente de que a vida seguia intensa.

Acabei passando a noite ajudando. Toda angústia, preocupação e saudade desapareceram. Estava completamente entregue ao desejo de compaixão e amizade por aquelas pessoas.

Amanhecia, e outro grupo começou a chegar. Eu estava cansado, mas não queria parar. Avistei Messias vindo em minha direção e me lembrei do compromisso assumido na noite anterior. Quando o instrutor se aproximou, me olhou sério.

— Passou a noite toda aqui, Serginho?

— Vim para ajudar e acabei não percebendo o tempo passar.

— Está cansado, posso ver em seu semblante.

— Estou um pouco, sim.

Messias me olhava com seriedade, e eu tinha certeza de que levaria uma chamada ali mesmo, na frente de todos. Ele havia pedido que eu me preparasse para algo especial, e eu havia me esquecido de tudo. Mas eu já ia me explicar, quando Messias antecipou-se:

— Você parece cansado, mas sua vibração é das mais elevadas possíveis.

— É mesmo? Puxa, eu pensei que fosse ficar bravo comigo.

— Bravo?

— É. Você me pediu para me preparar para algo especial e eu acabei me distraindo.

— Não vejo modo melhor de você ter se preparado para o que vamos fazer do que ajudando, doando-se e servindo. Preparou-se muito bem. Tome. - Estendeu-me uma caneca com líquido repleto de elementos revigorantes. - Beba e recolha-se um pouco. Vai se sentir refeito. Em meia hora passo em seu dormitório para partirmos.

— Mas precisam de nossa ajuda!

— Estão chegando reforços. Renato precisa de nós.

Não fosse isso, prorrogaríamos nossa curta viagem. Mas não será possível. Agora vá.

Não questionei mais nada. Bebi todo o líquido, me despedi rapidamente dos companheiros e me recolhi em meu quarto. Estava cheio de curiosidade, mas me sentia dividido. Queria seguir com Messias e, ao mesmo tempo, ajudar aquelas pessoas do Haiti que haviam perdido a vida física no grande terremoto. Todo aquele sofrimento me deixava indignado. Eu sabia do amor de Deus a seus filhos e que a dor é consequência de nossos atos, mas ver todas aquelas pessoas sofrendo tanto, gritando o nome de parentes, amigos e outros conhecidos... especialmente a jovem brasileira que gritava por "ela". Queria saber onde "ela" estava, queria que "a" encontrássemos. A moça pensava na senhora Zilda acima de seu próprio bem-estar.

Fiquei meio acabrunhado. Vinha aprendendo a duras penas que todo o sofrimento decorre de nossas escolhas, da forma como usamos o nosso livre-arbítrio, bem como da necessidade de aprendizado para o crescimento espiritual. Mas era uma coisa difícil de entrar na cabeça. Falar era fácil, mas lidar com o sofrimento, tenho de confessar, era uma coisa que eu ainda não sabia muito bem.

Deite-me sonolento na cama e dormi, despertando não muito tempo depois com a voz de Messias.

— Está pronto?

Pulei da cama e corri abrir a porta.

— Já? Afinal, para onde vamos?

— Você já vai saber.

— Mas por que você não fala, Messias? Por que faz tanto mistério? Por que não fala e pronto? Isso é controle, sabia? Abuso de poder.

— Ei, calma! Vibração elevada, rapaz!

— Desculpe.

— Serginho, é melhor saber sobre certas coisas apenas na hora em que acontecem. Assim a gente não consegue fazer nada para estragá-las, me entende?

— Mais ou menos.

Tomamos assento em um veículo. Assim que nos acomodamos, percebi o quanto estava irrequieto. Eu sabia que aquele transporte nos levaria para Nosso Lar. Messias sentou-se e ficou calado. Mas eu não me aguentei e comecei a metralhar o tutor com perguntas.

— Vamos para Nosso Lar? O que vamos fazer lá? Por que estamos indo para lá? Vou encontrar Lívia?

Messias me olhou sério e respondeu:

— Você não tem jeito mesmo! Vamos para Nosso Lar, e é só isso que vou te dizer por hora. Acalme-se e espere. Como eu disse, é melhor não sabermos de algumas coisas com antecedência. Consegui algo muito especial para você. Uma palestra que vai te ajudar a se preparar para sua tarefa. Pela misericórdia divina, e principalmente por sua disponibilidade em ajudar o próximo, é que tivemos autorização para levá-lo. De fato, sua passagem foi sua noite inteira a serviço dos que chegavam do Haiti.

Eu ouvia com atenção, e Messias prosseguiu.

— Essas palestras acontecem de vez em quando, e alguns conseguem autorização para participar. Mas somente aqueles que querem se doar em favor do próximo. Aqui a questão não é o querer aprender, evoluir pelo conhecimento, e essas coisas, que são muito importantes. O passaporte para essa palestra é a disposição de auxiliar o próximo, esquecendo um pouco de si mesmo. Como você fez essa noite. Isso o credenciou para ser um dos convidados. Meu pedido foi aceito, e logo chegaremos.

Messias se calou, e eu abri a boca na intenção de continuar tentando descobrir o que estava por vir, mas o veículo se pôs em movimento, e encostei-me ao banco e silenciei também. Queria aproveitar a viagem.

Capítulo 3

SEGUIA TENTANDO IMAGINAR que palestra seria essa que iriamos assistir. De todo modo, estávamos indo para Nosso Lar, e somente isso já era motivo de grande alegria. Quando estive lá pela última vez, recebi uma verdadeira injeção de ânimo e forças para começar meu aprendizado. Será que conseguiria me encontrar com Lívia? Sentia saudades dela.

A viagem seguiu seu curso. Eu estava agitado e, à medida que nos aproximávamos do destino, me sentia mais e mais alvoroçado, cheio de ansiedade e expectativas. Comecei a me remexer no banco. De fato, todos os ocupantes do veículo começaram e se agitar. A expectativa contagiou a todos. Messias se esforçava por se manter em equilíbrio, mas também ele, ciente do precioso momento que nos aguardava, se continha a muito custo. Seu coração era generoso e bom, ainda que sua postura fosse sempre de muito rigor. Ele era rigoroso com os outros porque se cobrava igualmente muita seriedade e compromisso com o trabalho. Mas também ele tinha suas fraquezas e dores, que buscava colocar em segundo plano.

Quando enxergamos ao longe as construções cristalinas da conhecida colônia espiritual, adentramos de imediato uma atmosfera de suavidade e grande elevação, e aquela energia sublime tocava de tal modo os ocupantes do veículo, que não se ouvia um só som. Todos olhavam para Nosso Lar em silenciosa reverência. E permanecemos assim quando o veículo estacionou. Todos desembarcaram em silêncio. Queríamos sentir e guardar na lembrança aquele momento extraordinário, e apesar da curiosidade, eu também fui tomado por aquela energia suave e delicada que pairava.

Caminhamos direto para um grande salão. Naturalmente a colônia já era de uma psicosfera elevada e cheia de equilíbrio. Um ambiente de organização, elevação e trabalho útil, o que gerava um desconforto energético nos visitantes, ainda que o lugar fizesse bem indiscriminadamente. Era preciso se manter em oração, pedindo mesmo ajuda para conseguir permanecer naquele lugar iluminado pelo amor. Mas ao longo da viagem, Messias e outros orientadores mais experientes haviam nos preparado com orações e música equilibrante. Trabalharam a vibração durante todo o tempo em que viajamos.

Fomos recebidos às portas de um grande salão

por jovens trajando roupas brancas. Todo o espaço emanava luminosidade de um azul suave, indicando a presença de espíritos superiores, acima mesmo dos moradores de Nosso Lar.

Tomamos assento. Alguns não conseguiam parar de chorar. Estávamos profundamente tocados pela energia intensa que a tudo banhava. Quando nos acomodamos, Messias me olhou e perguntou:

— Tudo bem?

— Não sei dizer - sussurrei.

Messias sorriu.

— Esse lugar evoluiu muito desde que estive aqui pela última vez, e olha que faz pouco tempo! - constatei.

— Evolui sempre.

— Não, evoluiu muito rápido.

— Por que diz isso? - Messias me perguntou.

— Eu me lembro bem de quando estive aqui. Não senti essa energia toda. E este lugar, que brilha como se tivesse luz própria? Quase não conseguimos enxergar e não há uma única lâmpada.

— E por que você acha que este espaço está assim?

— Deve haver alguém muito especial aqui dentro.

E Messias, em um sussurro sufocando a própria emoção, me informou:

— É o palestrante desta noite...

Não conseguiu continuar. A simples lembrança daquele ser lhe tocava profundamente o coração.

Estranhei a emoção à flor da pele do orientador.

Ele era sempre tão contido, tão centrado! Vê-lo envolvido naquela emoção toda era algo novo para mim. Mas não ousei fazer perguntas. Em minha mente passavam diversos personagens. Quem estaria ali causando aquelas vibrações, envolvendo a todos em tanta energia sublime, em sentimentos tão elevados? Bezerra de Menezes? Seria Eurípedes Barsanulfo? Eu continuava imaginando diversos nomes. E de repente meu coração acelerou intensamente. Seria Jesus? Não, isso é impossível. Jesus não desceria até nós, tão limitados e imperfeitos. Mas não seria maravilhoso um encontro assim com aquele Mestre que eu tanto admirava? Que todos eles admiravam? Afinal, estavam a serviço dEle.

Um coral começou a cantar em uma galeria superior nos fundos do salão. Virei-me para olhar. Eram homens e mulheres aparentando todas as idades, dos mais jovens até os anciãos. A música era maravilhosa, e uma senhora aparentando bastante idade tocava um instrumento de doçura incomparável. Como era mesmo o nome daquele instrumento? Eu nunca havia visto um pessoalmente, somente em filmes ou desenhos. Eu sabia que em mundos mais elevados eram utilizados instrumentos diferentes. Aquele se parecia com... harpa! Mas não era exatamente uma. E que som! Parecia que a música entrava na alma e levava embora todas as angústias, toda a tristeza, tudo o que não era bom, deixando cada um naquele salão flutuando.

Literalmente. Não conseguíamos mais assentar nos bancos, pois flutuávamos ligeiramente. Eu nunca havia visto nada parecido, nem de longe.

Outros grupos cantaram. Duetos, quartetos e outras formações. E a música era sublime e elevava nossa alma mais e mais. Parecia que iríamos explodir de tamanha sensação de bem-estar.

Foi então que uma senhora simpática tomou a palavra e cumprimentou carinhosamente os presentes. Depois fez uma prece linda e finalizou:

— Bem, meus amigos, não vamos nos delongar. Todos nós estamos aqui para ver o nosso convidado, há muito aguardado. De vez em quando ele nos presenteia com uma visita, e procuramos aproveitar ao máximo sua presença entre nós.

Ela fez uma breve pausa, para em seguida convidar:

— Convidamos a vir para o palco nosso amigo, inspiração para nossa caminhada, nosso irmão Francisco Cândido Xavier.

Do fundo do salão, saiu andando a passos firmes e elegantes um homem que aparentava ter algo em torno de cinquenta anos. Sem óculos. De onde eu estava, não conseguia vê-lo direito, observar seu semblante. Nada. Seu brilho intenso ofuscava nossos olhos. Sentíamos sua presença inundar o salão, e uma ternura, um amor por tudo e por todos tomou conta de mim. Chico Xavier estava ali, em pessoa. Eu ouvira falar tanto daquele médium, e agora estava diante dele. Sentia vontade de correr até ele e abraçá-lo, agarrá-lo mesmo. Mas não conseguia mover um músculo. Mal conseguia piscar ou respirar. O lugar era pura luz.

— Agradeço o carinho de sempre, minha irmã – ele cumprimentou aquela que o antecedera no anfiteatro.

Quando ela se afastou, ele se voltou para a plateia.

— Irmãos e irmãs, agradeço igualmente seu carinho para comigo. Mas não devem me olhar com esse assombro que noto em vocês. Não! Eu não sou nada, meus irmãos. Sou um intermediário, um médium de Jesus. A Ele, sim, devemos todo o nosso carinho e toda a nossa gratidão. O Mestre que brilha iluminando a Terra é nosso modelo, nosso guia, nossa inspiração. Somos Seus seguidores e desejamos merecer Sua presença luminosa em nossas vidas. Estou aqui para falar-lhes da necessidade do trabalho pelo bem. Sei que as lutas no orbe estão acirradas. Entretanto, em vez de se voltar para o Criador com humildade, buscando com mais intensidade na espiritualidade as respostas para os problemas intensos pelo qual todos passam, os homens endurecem seus corações, se apegam ao orgulho, aos direitos, ao material. Com isso, afastam-se ainda mais da luz, daquilo que poderia lhes dar o alívio e, mais adiante, as respostas para as soluções complexas das dificuldades do planeta. Vocês que foram trazidos até aqui pelo seu desejo de servir, de ajudar, de espalhar o bem por onde passarem, devem se fortalecer mais e mais. Fortalecer-se no conhecimento das verdades eternas, no autoconhecimento e no serviço ao próximo. Não há bem maior que possam fazer a si mesmos do que ajudar o outro. Não há remédio para a humanidade que não passe pela fraternidade e pelo bem comum. Enquanto os homens não compreenderem isso, seguirão tentando resolver de modo equivocado seus problemas.

E ele continuou:

— Apesar das inúmeras alegrias que experimento hoje na espiritualidade, algo tem me entristecido: os espíritas tem se distanciado do dever de se trabalharem e estão colocando sua personalidade, e não seu espírito eterno, em primeiro lugar. O espírita que fica vinte, trinta anos dentro de uma casa espírita, frequentando, trabalhando, e não se modifica torna-se empedernido. O espiritismo nos leva a uma visão crítica da vida, da realidade, do outro. Se não temperarmos com amor e compaixão nossa visão crítica, nossos julgamentos serão mais severos do que os dos inquisidores. É preciso aprender a amar. E só amando se aprende a amar. Conhecendo as pessoas melhor, passamos a compreendê-las, inclusive em suas limitações e dificuldades. Vamos nos abrir mais aos outros, meus queridos. Não somos perfeitos mesmo. O que temos a esconder tanto assim? Que falhamos? Falhamos mesmo! Mas falhar não é o problema. Nosso orgulho é que é. Falhar é parte da aprendizagem. Desistir por causa das derrotas é orgulho. Que as falhas nos fortaleçam, ao invés de nos desanimar. Que elas nos tornem melhores. Não temam o fracasso. Temam, sim, ficar estacionados e não avançar. O medo do fracasso é nosso maior inimigo. Ele corrói nossas possibilidades e neutraliza nossos talentos. Nossos talentos. Esses precisam ser reconhecidos, fortalecidos e cultivados. Vocês conhecem a parábola dos talentos contada por Jesus?

Chico, com sua ternura e sua voz suave, passou a narrar a parábola. Foi maravilhoso! Ele é o melhor contador de histórias que já conheci.

— O talento precisa ser colocado em ação para crescer e dar frutos. Do contrário, de que adianta sermos talentosos, cheios de conhecimentos e não fazermos nada de útil com eles? Se todos os seres encarnados utilizassem seus talentos, seus potenciais para o bem, e trabalhassem realmente em seu desenvolvimento, os problemas mais graves da Terra já estariam a caminho de ser solucionados. No entanto, a grande maioria enterra e sufoca seus talentos. Vão morrendo em vida e não servem aos propósitos originais para os quais reencarnaram. É triste. A solução está dentro de cada um, só que desenvolver talentos muitas vezes é doloroso para nosso estágio de evolução.

Chico falava de nós e não dele, é claro.

— Crescer dói, por isso há tantas crianças espirituais na Terra perdidas, sem saber o que fazer, esperando que alguém maior do que elas resolva seus problemas.

Cada palavra que ele pronunciava entrava em

minha mente como uma flecha acertando seu alvo, e uma verdadeira revolução acontecia dentro de mim. Queria sair correndo dali e trabalhar para Jesus. Pensava em Renato e em Pâmela e imaginava o que eu poderia fazer por eles.

A palestra seguiu por mais algum tempo. Quando Chico terminou, ninguém se mexia. Todos foram convidados a passar por ele para lhe dar um abraço. E que abraço foi aquele! Ele tocou minha alma de um jeito que não posso descrever. Por mais que procure palavras para expressar minhas emoções, é intraduzível. Espero que todos possam ter essa oportunidade um dia, para poder compreender o que senti naquele encontro inesquecível.

Acomodado no veículo, já no caminho de volta, fiquei pensando como seria encontrar Jesus. Se aquele encontro com Chico me tocou daquela maneira, como seria estar pessoalmente com Jesus? Entendi muito melhor a experiência de Saulo de Tarso e como aquele encontro com o Mestre na estrada de Damasco mudou sua vida para sempre.

Capítulo 4

PERMANECI SILENCIOSO por todo o retorno. Mas assim que o veículo tocou o solo, dirigi-me a Messias.

— Estou pronto para a tarefa. Entendi por que quis me levar para esse encontro, e agradeço de coração. Foi uma oportunidade incrível de conhecer esse servo de Jesus.

Messias sorriu satisfeito.

— Então está pronto?

— Claro que estou! Não quero perder nem um só minuto, não quero que minha hesitação represente perda de oportunidade para ajudar um amigo em necessidade.

— Estou feliz com a rapidez de sua mudança de atitude. Muito bem! É justa sua preocupação. Vou buscar Benedita agora mesmo.

— Ela já está na Crosta com Renato?

— Sim.

— Então não precisa chamá-la. Vou ao encontro dela.

— Está certo disso?

— Completamente.

— Então vou avisá-la de sua decisão e retorno com notícias.

— Nesse meio tempo, aguardo em meu quarto. Vou me preparar em oração.

— Serginho, você realmente aproveitou esse encontro.

— Um encontro bendito, Messias. Agradeço de novo por ter acreditado em mim e me dado esse presente. Entendo agora por que minha mãe gosta tanto de Chico Xavier. Ela vive lendo, estudando os livros que ele psicografou.

— Dona Eugênia é uma mulher inteligente e sábia.

— Falando nela, seria possível uma rápida visita à minha família antes de me lançar no trabalho de atendimento ao Renato?

— Não só é possível como recomendo que seja lá seu porto seguro, seu ponto de apoio enquanto estiver na Crosta. Seu lar na Terra continua sendo o ambiente adequado para que você se refaça. E vou recomendá-lo a um núcleo espírita também, para que refaça suas energias sempre que necessário. Lembre-se: a Terra segue cada vez mais fortemente envolvida em pesadas energias. Precisará de vigilância constante, relembrando-se a cada instante de que tudo é passageiro e todas as dificuldades e sofrimentos são permitidos para o desenvolvimento das criaturas, para o progresso da humanidade. Deus é amor e justiça. Com essa consciência em mente e ampliando-a mais profundamente a cada experiência, não permita que as vibrações densas e negativas do planeta o contaminem. Compaixão é diferente de se colocar no lugar do outro e deduzir que a dor é exagerada, que não a suportaríamos, deixando assim que a tristeza, a revolta e a dor do outro nos afetem a ponto de nos paralisar. Foi principalmente por esse motivo que o levamos para encontrar com o estimado médium de Jesus. Essa energia que o envolve nesse momento, as lembranças do encontro que teve com ele e de como foi fortalecido por suas suaves vibrações serão de extrema ajuda. Evoque essas lembranças, visualize essa experiência para perpetuá-la em sua mente e assim buscar de novo as emoções sublimes daquele encontro. Elas serão seu reforço para se proteger das energias deletérias que envolvem nossos irmãos encarnados.

Satisfeito, me despedi do orientador.

Passaram-se não mais do que cinquenta minutos até que deixei meu quarto, pronto para partir. Levava comigo alguns livros para estudar melhor o assunto com que teria de lidar: André Luiz. Agora que conhecera Chico Xavier pessoalmente, sentia-me ainda mais feliz com a leitura do autor espiritual.

Messias me encontrou no pátio do prédio onde recebia os recém-chegados da Terra. Ainda estava tudo muito agitado por conta dos socorridos do terremoto que assolara a América Central.

— Gostaria de poder ajudar mais, Messias. Sinto por deixar a colônia com tanto trabalho.

— Não se preocupe, já pedi reforços.

E então escutei uma voz familiar e muito querida.

— Oi, primo.

— Não acredito! Lívia!

Nos abraçamos longamente.

— Pensei que estivesse se preparando para retornar - falei.

— E estou. Messias me pediu que viesse ajudar no socorro aos recém-chegados. Quer melhor preparo do que o serviço aos semelhantes?

— Compreendo exatamente o que está dizendo. Estive com Chico Xavier.

— Eu já soube. Ele é incrível, não é?

— Foi mágico, Lívia. Senti emoções que não sabia que existiam.

— Eu sei.

— Já esteve com ele?

— Sempre que é possível, tento fugir para estar com ele. Eu o admiro muito.

— Que bom que pôde vir, minha querida - disse Messias abraçando-a.

— Eu disse que estaria sempre pronta para contribuir. Você tem me ajudado tanto que eu não teria como recusar. Mesmo que tivesse outro compromisso, daria um jeito de estar aqui com vocês - respondeu ela. E dirigindo-se a mim: - Serginho, leve este material para complementar sua leitura.

Ela me entregou um calhamaço de papel, que folheei interessado.

— O que é isso? Pesquisas?

— São informações e números alarmantes sobre a questão do aborto na adolescência. Acho interessante que conheça a real situação. São dados bem atuais.

Anuí com a cabeça, abracei Lívia e Messias e, ao final das despedidas, disse:

— Ore por mim, prima. Chegou afinal o dia de eu descer sozinho, sem sua ajuda.

— Vai se sair bem.

— Espero que sim. É uma grande responsabilidade que levo comigo. Afinal, uma vida está em jogo.

— Sim, sua responsabilidade é grande, mas se lembre de que a escolha é de cada um. Você não pode decidir por ninguém. Todos tomam suas decisões e são responsáveis por elas.

— Conscientizar as pessoas disso é que é difícil.

Depois das despedidas, parti em direção ao meu antigo lar na Terra. Estava ansioso por reencontrar minha família. Fazia meses que não estava pessoalmente com eles.

Parei diante do portão e vi que haviam pintado a área externa de outra cor e podado algumas plantas. A casa estava diferente. Entrei. Assim que pisei dentro do meu antigo lar, senti certa agitação no ambiente. Dona Eugênia estava na cozinha. Aproximei-me dela e beijei sua face. Senti que estava tensa e preocupada. Fazia tempo que não a via assim. Na verdade, me lembrava de tê-la visto assim apenas quando estava tentando me dissuadir de comprar a moto. O que a estaria preocupando daquela maneira?

Eu olhava com extrema ternura para aquela mulher dedicada ao bem.

Sueli entrou na cozinha e logo me viu.

— Mãe, Serginho está aqui.

— Meu filho! - Minha mãe se pôs a chorar.

— O que houve? - Aproximei-me dela e abracei-a outra vez, longamente.

A energia da casa estava mais densa do que antes, e senti um pouco de dificuldade em me comunicar com minha irmã. Ela me via, mas parecia que havia entre nós uma parede de vidro. Meus pensamentos não conseguiam atingir com nitidez a mente de Sueli.

— Mamãe está preocupada com o Fábio.

— E com você também, Sueli.

— Já falei que não precisa se preocupar comigo, mãe. Sei me cuidar muito bem. O Fábio sim é que precisa de você agora. Já falei para não se preocupar comigo.

Eu não compreendia muito bem o que estava acontecendo. Certamente precisavam de mim naquele momento. Teria de me dividir entre os problemas de

Renato e da minha família se quisesse contribuir com eles. Sueli saiu pisando duro e me lembrei de mim mesmo quando ainda encarnado.

Fiquei observando minha irmã se afastar. Quantos anos mesmo tinha Sueli agora? Dezessete anos. Ela se transformara em uma mulher linda e delicada. Sua sensibilidade era muito presente, e muitas vezes ela se atrapalhava com os efeitos da mediunidade em seu dia a dia.

Fiquei admirando a linda mulher em que ela se transformara e acompanhei-a até o quarto. Depois fui ao quarto de Fábio. Ele não estava lá, mas fiquei assustado com os pôsteres nas paredes, que haviam sido pintadas de preto, e pelo resultado deduzi que deveria ter sido ele mesmo a realizar a pintura, certamente sem a aprovação de dona Eugênia. Respirei profundamente. Já imaginei o que estaria se passando. Fábio estava na adolescência, agora com quatorze anos.

Pobre dona Eugênia! Dois adolescentes em casa. Era de se esperar que ela estivesse daquele jeito.

Queria muito saber de tudo, mas sabia que a situação de Renato era bem séria e minha prioridade. Tomei assento em um sofá da sala, onde o silêncio era maior. Antes de ir à casa de Renato, queria ler os estudos que Lívia me entregara.

Capítulo 5

QUANDO FINALIZEI A LEITURA, estava transtornado e confuso. O problema era de uma gravidade e de uma seriedade que eu até então ignorava. Não compreendia como as autoridades podiam permitir que a situação chegasse àquele ponto.

Senti-me oprimido, e todo tipo de pensamento passava pela minha mente. Sentia raiva, revolta pelos que podiam fazer alguma coisa e não faziam. Estava por me deixar levar pelos sentimentos negativos, quando escutei uma voz conhecida.

— Serginho, meu filho, que bom que chegou. Desculpe-me vir te procurar, mas precisamos de você agora.

— Dona Benedita! Como me achou aqui?

— Desculpe invadir assim sua casa, sua intimidade, mas é que a situação é mesmo urgente e precisamos intervir. Messias me deu as coordenadas de como encontrá-lo.

— É claro. Vamos então.

Dona Benedita estava apreensiva. Enquanto nos dirigíamos à casa de Renato, ela ia me colocando a par da situação.

— Renato quer que a Pâmela faça o aborto, mas ela sente um pouco de receio, ainda que silencioso.

— Os pais deles sabem o que está acontecendo?

— Não, eles não contaram a ninguém. Pâmela está com medo. Ela tem dezesseis anos, vai completar dezessete em alguns meses. É muito jovem.

— Mas o Renato já está com 21, deveria ter algum juízo. Ele já é completamente responsável pelos seus atos.

— Ah, meu filho! Só por que ele tem maioridade civil e penal não quer dizer que seja completamente responsável pelos seus atos. Aliás, infelizmente, poucas pessoas neste planeta estão conscientes de que são responsáveis pelos seus atos. Não se conscientizam de que tudo o que fazem gera consequências. Inclusive as decisões não tomadas, procrastinadas ou tratadas com irresponsabilidade. Nosso mundo é um grande campo de energias interconectadas. Tudo o que pensamos, sentimos e fazemos tem impacto à nossa volta.

— Muito poucos têm consciência mesmo.

— E até mesmo aqueles que sabem não usam o que conhecem. Deixam lá em algum lugar dentro de si, como uma verdadeira cultura inútil.

Pouco tempo depois, chegamos ao nosso destino.

— Então eles mudaram de apartamento? -perguntei.

— Faz alguns anos.

— É muito bonito, elegante e sofisticado.

— Faz tempo que não vê o Renato?

— Desde que... - Fiz uma longa pausa. - A última vez foi às vésperas de meu aniversário de dezoito anos. Antes de eu... Você sabe.

Fiquei sem jeito de falar de minha própria morte. Não gostava de falar sobre esse assunto.

— Renato mudou bastante, não vá estranhar - advertiu dona Benedita.

Subimos até o nono andar, onde ficava a casa de meu melhor amigo. À porta, fomos recebidos por um homem muito grande.

— Serginho, este é Pedro, o protetor espiritual da família. Tem me ajudado fortalecendo a proteção da casa, pois as energias que a família tem atraído para cá são extremamente densas. Se Pedro se afastar da casa, ela logo pode ser invadida por espíritos que desejam destruir a encarnação de meu neto e da Pâmela, e de toda a família. É uma bela coleção de irmãos nossos que não aceitam o bem, que são totalmente rebeldes em relação às leis divinas, infelizmente por não terem compreendido toda a alegria, segurança e felicidade que poderiam alcançar se aceitassem enxergar o que ainda não conseguem ver. Estamos fazendo de tudo para proteger a família, mas meu filho, minha nora e Renato mantêm contato mental com essas entidades. Dessa ligação não conseguimos protegê-los, pois, você sabe, não podemos interferir no livre arbítrio, nas escolhas que eles fazem.

Entramos.

Senti-me nauseado assim que pisei no apartamento de meu amigo de infância e adolescência. As energias eram realmente densas dentro daquela casa. As formas-pensamentos espalhadas pelo apartamento eram de dar medo. De todo o tipo: imagens terríveis, projeções mentais de seus habitantes, imagens carregadas de energia, do magnetismo com que foram criadas. Senti arrepios pelo corpo inteiro. Além de espíritos ociosos que perambulavam pela casa, as formas-pensamentos negativas e densas geravam um ambiente asfixiante.

Olhei surpreso para dona Benedita.

— Quem são esses? - apontei para os espíritos.

— São parentes e amigos espirituais de meu filho, de meus netos.

— Mas e o Pedro?

— Estes são espíritos simpáticos aos donos da casa. Embora ociosos, e alguns até mesmo com intenções menos dignas, não posso impedi-los. O que Pedro faz é impedir que os inimigos invadam a casa.

— Mas estes que estão aqui também influenciam de maneira negativa.

— Sem dúvida que sim. Mas essa é a condição da Terra.

— Que falta faz o Evangelho no Lar!

Benedita me respondeu sorrindo.

— Nem me fale! Mas se depender dos pais do Renato, o Evangelho no Lar vai demorar para entrar nesta casa. Eles estão muito ocupados ganhando dinheiro e cuidando de suas carreiras profissionais. Minha nora é médica, e meu filho, engenheiro. Os dois são extremamente bem-sucedidos, como você pode ver. Eles não têm tempo para as coisas espirituais, que acham uma bobagem. Não acreditam em nada além deles mesmos.

Quando entrei no quarto do Renato, tomei um susto. Como ele estava diferente! Falei com ele, mesmo sabendo que não poderia me ouvir.

— E aí, cara? Que bom ver você! Meu amigo! Meu melhor amigo! Que saudades! Desculpe por ter demorado tanto a vir te ver, mas estive meio ocupado depois que morri, sabe?

Renato estava estudando, lendo uma apostila. Quando terminei de falar, ele parou de ler, ergueu a cabeça e olhou em minha direção. Parecia estar me vendo, olhando para mim. Ficou assim alguns instantes, depois abriu de novo a apostila e voltou a ler.

— Ele notou sua presença.

— Você acha, dona Benedita?

— Não consigo essa reação do Renato. Nunca consegui. Ele tem muito mais proximidade com você do que comigo.

Sentei-me ao lado dele na cama.

— O que ele está estudando?

— Renato está fazendo faculdade de engenharia eletrônica. Está no terceiro ano, mas com muitas dificuldades acompanha os estudos. Ele não gosta.

— E por que está fazendo engenharia?

— Ele queria mesmo era estudar música, mas os pais tanto falaram e tanto insistiram que tiraram isso da cabeça dele. Dizem que não vai dar dinheiro, que ele terá um futuro melhor fazendo engenharia.

— Ai, meu Deus! Deve ser difícil fazer o que não gosta.

— Tem sido angustiante para ele. Mas ele não quer decepcionar os pais e nem perder a mesada generosa que recebe. Então faz o melhor que consegue na faculdade. E agora então, com o problema de Pâmela, as coisas ficaram mais difíceis. Ele não consegue se concentrar, não consegue enxergar com clareza o que acontece consigo mesmo, não identifica as forças que agem sobre ele, internas e externas, e fica fugindo, em vez de encarar os problemas e tentar resolvê-los.

Eu fiquei ali olhando para aquele quadro. Renato estava magro, abatido, infeliz. Eu via a angústia nos olhos dele. Ficamos ali a tarde inteira, eu e dona Benedita. Ficamos estudando minuciosamente a situação, os outros moradores da casa, os afazeres de Renato, para ver por onde encontraríamos um meio de ajudá-lo. Mas confesso que comecei a ficar assustado. Não percebíamos nenhum espaço por onde pudéssemos atuar.

Diante da dificuldade que parecia intransponível, lembrei-me do doce encontro com Chico Xavier.

Sentei-me na cama ao lado do Renato e comecei a orar por ele e por mim mesmo, por dona Benedita, para que encontrássemos um modo de ajudá-lo.

O celular dele tocou.

— Oi, Pâmela. Estou estudando, vamos falar mais tarde.

— Precisamos conversar agora. – Pude escutar ela respondendo do outro lado da linha.

Eles prosseguiam conversando, e eu, indiscretamente, mas por uma boa causa, acompanhava a conversa.

— Mas o que é? Vamos nos encontrar à noite e conversamos.

— Estou saindo da escola e indo pra casa. Passei muito mal hoje, vomitei muito, e a orientadora do colégio mandou um recado para minha mãe. Acho que ela está desconfiada. Não quero que minha mãe saiba de nada, entendeu?

— Já sei disso.

— Precisamos agir, Renato.

Pâmela fez uma longa pausa esperando pela resposta, que não apareceu. E então prosseguiu:

— Conseguiu o dinheiro?

— Ainda não.

— Mas você disse que ia conseguir. Precisamos fazer isso logo, ou vão acabar descobrindo. E eu não quero nem imaginar a reação dela e de toda a família. Estou com medo. E se ela me obrigar a ter a criança? Acho que o melhor a fazer é... – ela fez prolongada pausa, e com a voz embarga continuou - é melhor tirar mesmo o bebê.

Aquelas informações novas soaram como música aos meus ouvidos. Quem sabe a mãe de Pâmela seria o caminho para socorrê-los?

— Quero falar com você agora. Precisamos resolver isso de uma vez.

— Estou estudando, Pâmela. Tenho provas amanhã. Hoje à noite conversamos. Estou tentando falar com meu pai, já bolei até um plano para conseguir o dinheiro. Quando nos encontrarmos conversamos melhor.

— Eu vou praí, Renato.

— Agora não, Pâmela. Preciso estudar.

— Eu vou praí. Estou com medo e...

Silêncio, e então o som dela vomitando.

— Não estou nada bem, Renato. Vou praí.

— Vem, pode vir. Você descansa aqui, enquanto eu estudo.

Percebi um tom de contrariedade na voz de Renato.

— Você descansa aqui enquanto eu estudo.

— Tá bom. Um beijo.

Desligaram, e Renato perdeu totalmente o foco. Não conseguiu mais se concentrar no que estudava.

Não demorou muito e Pâmela entrou no quarto. Ela era bonita. Renato sempre teve bom gosto com as garotas. Mas com ela se superara. Bom, ela não era bem o meu tipo, mas era muito bonita.

Assim que ela entrou, muito agitada e nervosa,

Renato a beijou e ela se esparramou na cama dele. Eu e dona Benedita imediatamente a envolvemos em vibrações para que recebesse energias equilibradas. Pude observar o feto agitado dentro dela. Depois de uma análise detalhada, constatei que ela estava com seis semanas de gestação. Um mês e meio. O feto sentia a ansiedade e angústia dela, bem como suas intenções, e se agitava. O vínculo espiritual entre mãe e filho era forte. Tratava-se de um menino, e ele se ligava fortemente a Pâmela. Nossas vibrações tiveram efeito imediato sobre ela, que se acalmou e adormeceu.

Capítulo 6

QUANDO SEU SONO se tornou mais profundo, o corpo perispiritual se deslocou ligeiramente acima do corpo denso, material, e pude ver melhor os liames que ligavam as duas almas, unidas pelos laços da consanguinidade.

— Ela é tão jovem! Compreendo que esteja assustada. Não sabe nem cuidar dela ainda, como poderia ser responsável por outro ser?

Acariciando o ventre de Pâmela, dona Benedita comentou:

— Sem dúvida a responsabilidade que se apresenta para essa nossa irmã é grande. Mas lembremos em primeiro lugar que foi uma decisão dela.

— A gravidez? – indaguei surpreso.

— A gravidez propriamente não, mas ter uma vida sexual ativa, sem os devidos cuidados, sendo negligente com as prevenções e ignorando as consequências possíveis dessa escolha. Certamente foram decisões que ela tomou.

— Será que podemos encarar assim?

— Ora, não foi assim com você mesmo, Serginho? Não teve de arcar com as consequências de sua escolha quando optou por beber e dirigir displicente?

Você escolheu morrer? Claro que não! Mas optou por ações que poderiam ter consequências perigosas, como de fato tiveram.

Fui obrigado a balançar a cabeça concordando. Ela estava certa. Eu mesmo havia desencarnado por não levar em consideração a realidade das leis de causa e efeito. Tem sido um grande desafio para mim compreender que colhemos inevitavelmente as consequências de cada uma das escolhas que fazemos.

Não respondi. Fiquei observando o feto muito angustiado e senti vontade de chorar por aquela criaturinha. Ia me deixar levar pela angústia, quando me lembrei da força da oração. Virei-me para dona Benedita e sugeri.

— Vamos orar e vibrar pelos dois, pelo espírito reencarnante em sofrimento e pela mãe, que não consegue olhar para a situação com a serenidade necessária, aprendendo com o desdobramento inevitável de seus atos e escolhas.

Ambos colocamos as nossas mãos sobre o ventre de Pâmela, e profundo sentimento de reverência tomou conta de mim. Sentia respeito infinito pela possibilidade que ela tinha de trazer uma nova vida à Terra. Era maravilhoso. Uma engenhosidade incrível envolvia o processo reencarnatório. As vidas de ambos estavam em jogo naquele momento. E então senti uma enorme ternura por aquele ser que se lançava à reencarnação, com riscos enormes de que ela não se concretizasse. E parecia que aquele ser tinha noção dos riscos que corria, ainda que o espírito que ocupava aquele feto minúsculo estivesse em profundo torpor.

Oramos a Deus, ao Ser Supremo, pela vida de nossos irmãos. Especialmente pela do bebê, que era impotente naquele momento e tinha de confiar-se às forças espirituais para poder renascer. Depois vibramos, envolvendo a ambos em nossos melhores sentimentos, e percebemos que os dois se acalmaram. O feto estava especialmente sereno, como se percebesse que estava mais seguro e protegido.

Duas horas se passaram. A garota dormiu profundo sono e acordou cheia de energia.

— Oi.

— Até que enfim acordou - falou Renato, acariciando as mãos dela sem afastar-se dos livros.

— Ainda está aí estudando?

— O que mais pode ser feito? Preciso ser aprovado, afinal, foram dois anos de vestibular, e meu pai me sustentando esse tempo todo. No primeiro ano, quase bombei. Agora preciso estudar, Pam.

— Acho que vou indo, Rê. Não quero atrapalhar.

— Você não atrapalha.

Ela se ergueu preguiçosa.

— Tem alguma coisa para comer? Estou morrendo de fome.

— Vou pegar.

Ela levantou e se sentou diante dos livros de Renato. Cálculos e mais cálculos. Empurrou-os entediada. Detestava matemática.

Ele logo voltou com um lanche consistente.

— Como pode gostar dessas coisas, Renato? Acho tão difícil.

— E realmente é.

— Você gosta? Gosta mesmo?

— Eu preciso estudar alguma coisa, não é? Sei que um bom engenheiro pode ganhar muito dinheiro. E vou ganhar.

Ela comeu rapidamente o lanche.

— Estava com fome mesmo! – Renato comentou sorrindo.

— Demais. Fazia tempo que não me sentia tão bem, tão disposta. Parece até que não estou...

Ela passou a mão sobre o ventre, quase com carinho, sob a forte impressão que seu perispírito trazia das vibrações amorosas que recebera.

— E aí, está tudo certo, não é? Você não mudou de ideia?

— Não, claro que não – ela respondeu quase titubeante. – Mas tem de ser logo, antes que meus pais descubram, já te falei. Você precisa arranjar o dinheiro. Por que ainda não pediu para seu pai?

— Não quero pedir para ele. Mas vou resolver de outro jeito.

— Como?

— Você sabe exatamente de quanto vamos precisar?

— Exatamente não, né? Acha que vou fazer um orçamento? Que vão me dar os preços assim, por telefone? É tudo clínica clandestina. Mas a irmã da Bianca conhece um lugar.

— Ela já fez?

— Não sei. Ela disse que foi uma prima dela que fez, mas ninguém gosta de ficar falando disso. Só sei que preciso de um lugar confiável, né? Não vou fazer isso em qualquer buraco.

— Está certo. E ela falou o preço?

— A Bianca vai conversar com ela e confirmar tudo. Vai pegar até o endereço. Mas você precisa saber como arranjar dinheiro. Precisamos fazer isso logo. Parece que quanto mais o tempo passa, mais perigoso fica.

Novamente o feto começou a se agitar e a projetar energias deletérias sobre o corpo perispiritual e físico de Pâmela. O mal-estar voltou de imediato.

— Ai.

— O que foi?

— Estou enjoada, me sentindo muito mal. Tudo de novo. Deve ser a comida. Por isso estou comendo tão pouco. Sei lá.

— Vou conseguir o dinheiro, pode deixar. Assim podemos acabar de uma vez por todas com essa angústia. Não aguento mais esse assunto – disse Renato olhando para o ventre de Pâmela quase com raiva. Aquele intruso estava estragando seu namoro, o corpo da namorada e atrapalhando sua vida.

— Eu também não. Agora vou indo, antes que minha mãe ligue atrás de mim.

Pâmela beijou o namorado e saiu. Eu me sentei na cama ao lado de meu melhor amigo e explodi, como se ele pudesse me escutar:

— Renato, pelo amor de Deus, não faça isso! Você precisa me escutar. Não vá fazer nada de que se arrependa depois. São duas vidas. Você será responsável pelo que acontecer com elas, com as duas. Não faça isso, cara!

Renato, de súbito, sentiu saudade. Abriu o *tablet* e procurou pelas fotos da banda Siderado, que quase tivemos juntos. Ele tinha guardado várias fotos nossas. Começou a passar por elas, e sorria. De repente, ficou sério e falou em voz alta:

— Cara, como sinto sua falta! Como eu queria que você estivesse aqui, Serginho. Queria tanto poder conversar com você. Eu estou encrencado, meu amigo. A Pâmela está grávida e vamos tirar o bebê, só que não tenho dinheiro. Ou melhor, eu tenho, mas minha mãe precisa assinar para eu tirar meu dinheiro, e ela não vai fazer isso sem saber para que eu vou usar. Não quero contar para eles. Sei que vão me apoiar, mas quero resolver tudo sozinho. Queria muito que você estivesse por aqui, queria sua ajuda.

Estendi minhas mãos sobre a cabeça do meu melhor amigo e falei:

— Mas eu estou, Renato. Estou aqui. E você precisa me escutar, cara, para não fazer uma besteira.

Capítulo 7

FICAMOS ALI POR UM BOM TEMPO. Ele, pensativo. Eu não podia escutar seus pensamentos, mas podia observar a energia densa que deles se desprendia. Certamente não pensava boa coisa.

Dona Benedita, que acompanhara Pâmela, voltou.

— Ela está muito agitada. Não consigo influenciar seus pensamentos em absolutamente nada. Esse é o problema aqui. Os dois são imaturos, sem valores sólidos interiores os quais possamos recorrer para lhes despertar a consciência do que estão fazendo. E ambos não confiam no apoio que possam receber da família. E no caso do Renato, até prefiro que não recorra aos pais, pois certamente apoiarão sem reservas o aborto.

— Já conversou com Renato durante o sono?

— Não, ele tem medo de mim, se esconde no corpo denso toda vez que tendo me aproximar durante o sono.

— Então hoje será minha vez. Quando ele dormir,

vou me aproximar para conversar com ele. Tomara que ele me escute.

Dona Benedita não respondeu e ficou pensativa. Eu também me calei. A situação era bem delicada. Depois de algum tempo, ela comentou:

— Seria muito bom se eles cultivassem algum tipo de trabalho interior, se tivessem alguma religião, algo que os ligasse a Deus. Mas ambas as famílias estão voltadas para o material. Os dois jovens estão perdidos, sem saber o que fazer, apoiando-se nos modelos deficientes que aprenderam de suas famílias. Entretanto, agora estão enfrentando um problema sério, de gente grande, e não sabem como resolver, por isso conseguem somente pensar em se livrar do problema que os ameaça. Há tanto que poderiam aprender com a situação se soubessem procurar a origem do problema e buscar a melhor solução, sob o olhar espiritual.

— Mas parece que li em algum lugar que a família da moça é evangélica. Não cultivam os valores morais?

— De fato são, mas infelizmente mais apegados às palavras do que à essência dos ensinamentos de Jesus. Não se comprometeram com o desenvolvimento interior.

— Mas ao menos estão em um lugar onde podemos tentar ajudá-los. Eu pensei que por esse caminho conseguiríamos atuar melhor.

— Bem, é melhor do que nada, mas precisamos que nos deem atenção. Como disse, vão aos cultos semanalmente. Estão lá dentro, mas dispersos, sem conseguir conectar o que aprendem, levando para o cotidiano, deixando que os ensinamentos de Jesus permeiem suas decisões e ações. Não cultivam o que escutam, não aprendem. Colocar em prática, então, quase nada. Estão mais em busca de orientações que os ajudem na solução dos problemas imediatistas.

Dona Benedita fez uma longa pausa.

— Vamos acompanha-los mais de perto e você compreenderá o que digo. Não quero julgar ninguém, longe disso. Sei bem como é difícil desenvolvermos a fé e os valores espirituais quando estamos encarnados. A matéria é muito forte e nos obscurece a visão.

— Podemos visitá-los no dia em que eles fazem o Evangelho no Lar. Tenho experiências muito boas nesses dias com a minha família.

Percebi que aquela boa senhora não desejava prosseguir com os comentários, preocupada em não dar espaço para sentimentos e vibrações menos elevadas. Ela sorriu e respondeu apenas:

— Eles não praticam o Evangelho no Lar, Serginho. Encontraremos outro modo.

Nós dois nos calamos por longo tempo e ficamos observando Renato estudar. A certa altura, ele deu uma olhada no relógio, fechou todos os livros, guardou tudo e se preparou para sair.

— Hoje é o dia que a minha família faz o culto do Evangelho lá em casa. Gostaria de me acompanhar?

Assim nos preparamos para conversar com Renato mais a noite - comentei.

— Claro! Será uma prazer.

Seguimos.

Ao chegar em casa, entretanto, notei que o ambiente estava agitado. Entramos, e a casa em si estava em silêncio e as energias continuavam mais densas do que de costume. Aquele ambiente não era muito comum. Fui até o quarto de meus pais. Dona Eugênia estava sozinha, sentada no quarto, com o Evangelho nas mãos. Estava lendo, compenetrada, sentada na ponta da cama. Meu pai não havia chegado ainda. Isso, sim, era relativamente comum. Muitas vezes faziam o Evangelho sem ele, que trabalhava até mais tarde. Sempre correndo.

Fomos até o quarto de Sueli. Ela estava chorando. Acerquei-me dela tentando um contato, mas seus pensamentos estavam agitados, como um mar batido por muitas ondas. Notei ainda que seu peito estava coberto por densas energias. Ela estava com raiva, muita raiva.

— Não sei o que está acontecendo aqui hoje - falei.

— A que horas costumam iniciar a reunião para o Evangelho?

— Sempre às oito e meia.

— São oito e trinta e cinco.

— Será que então minha mãe está fazendo o Evangelho sozinha?

— É o que parece.

Fomos até o quarto para acompanhá-la. Logo apareceu um irmão, protetor do lar e de minha mãe.

— Fernando, como está?

— Vamos indo. E você, Serginho? É muito bom vê-lo de novo.

Depois dos cumprimentos e apresentações, Fernando me contou que haviam tido uma briga feia meia hora antes de o Evangelho começar. Sueli e Fábio brigaram, e minha mãe perdeu a paciência com os dois. Sueli se trancou no quarto, e Fábio saiu. Dona Eugênia estava fazendo o Evangelho sozinha e agora lia um dos livros de Chico Xavier, o Pão Nosso, em voz alta. Acompanhamos em silêncio.

Ao terminar, estava com os olhos marejados, parecendo cansada. Observei algumas rugas que haviam se instalado no rosto suave dela e vários cabelos brancos aparecendo na raiz. Minha querida mãe estava envelhecendo. Meu coração se encheu de ternura por aquela mulher que já havia passado por uma situação de extrema dor e conseguira superar graças à fé em Deus e nos amorosos amigos espirituais. Certamente eu estava entre eles, e ela precisava de mim.

Ela começou a orar, pedindo forças a Jesus. Eu a envolvi em amoroso abraço e vibrei amor e carinho. Tudo de bom que tinha em mim procurei transmitir a ela naquele momento. E ela absorvia as emanações com extrema facilidade. Notei sua aura mudando de cor, recebendo aquela transfusão de energias amorosas. Seu semblante foi também se modificando.

Ao final da prece, notei que seu coração estava mais leve.

Ela guardou os livros que utilizara no canto de um aparador, pensando em voz alta:

— Graças a Deus! O que seria de mim se não fossem os ensinos do Evangelho e essa doutrina luminosa? Obrigada a vocês que estão aqui me ajudando.

Ela não disse, mas sorriu como se soubesse que eu estava ali. Por minha vez, agradeci a Deus por poder ajudar e por ela ter tido a oportunidade de entrar em contato com tais ensinamentos e aceitá-los.

Minha mãe saiu bem mais animada do quarto. Refizera-se durante o Evangelho íntimo que realizara. Fortalecida, retornou aos seus afazeres. Eu a acompanhei, mas logo senti vontade de voltar ao quarto de Sueli. Ela havia parado de chorar. De algum modo também se beneficiara das vibrações que haviam emanado do quarto de minha mãe. A luz que banhara a casa durante as vibrações que ela fez melhoraram o humor de Sueli, que se acalmou.

Tentei novamente conversar com ela, mas Sueli estava triste, magoada. Não conseguia se libertar dos sentimentos menos elevados, e naquele momento estávamos em vibrações diferentes. Ela não conseguia me ver, me perceber, e comecei a ficar aflito. Isso nunca aconteceра antes. Queria saber o que se passava com minha irmã, o que a estava incomodando tanto.

Dona Benedita posou a mão em meu ombro e disse:

— Tenha paciência, meu filho. Às vezes eles realmente não conseguem nos escutar. Eu já estou acostumada. Minha família não me escuta nunca, nem imagina que estou por perto. Quando passam por situações difíceis como esta, do Renato, tento ajudar, mas eles não captam nada do que busco lhes passar. É uma frustração.

Fiquei sentado ao lado de Sueli, contrariado. O que estaria acontecendo com ela? Fiquei ali observando por longo tempo. Ela então pegou um pequeno caderno que estava jogado no meio do quarto. Segurou com carinho e se sentou na cama com ele. Pegou uma caneta e ameaçou escrever. Depois se levantou com raiva, abriu a porta e foi até a cozinha falando em tom alto e ríspido:

— Ele não pode fazer isso, mãe.

— Sueli, tente se acalmar. Tudo de novo não, filha.

— Eu quero matar aquele...

— Sueli, por favor.

— Mãe, ele pegou meu diário! Ele vai espalhar pra escola inteira o que leu.

— Claro que não, Sueli.

— Vai me chantagear.

— Meu Deus, vocês não aprenderam nada do que temos estudado nesta casa? Não estão se comportando como irmãos, como cristãos. Precisam se respeitar, filha. E você que é mais...

— Não, pode parar. Não quero saber dessa história de que sou mais velha e blá blá blá.

— Mas é verdade.

— O Serginho era o mais velho. Eu sou a do meio. Não coloque essa responsabilidade em cima de mim.

— Você é que não quer aceitar a realidade e sua responsabilidade. Você é mais velha do que o Fábio. Ele está entrando na adolescência, Sueli, e você sabe como isso é confuso.

— Mãe, você precisa fazer alguma coisa a respeito das atitudes dele. Ele invadiu meu quarto e pegou meu diário!

— E o que tem de tão secreto nesse diário, Sueli?

— Tudo, oras! Tudo o que está escrito aqui - ela mostrou o caderninho para a mãe - é secreto. São meus pensamentos e sentimentos mais íntimos.

Sueli começou a chorar de novo.

— Que raiva!

— Vou conversar com ele, filha. Vou repreendê-lo. Realmente isso não se faz. Esse é o seu jeito de se conhecer, de tentar se entender, não é?

— É isso mesmo. Não tenho muitos amigos, você sabe.

— Tudo bem, filha, eu vou ter uma conversa séria com ele. Mesmo assim, acho melhor providenciarmos um lugar trancado para você deixar o seu diário.

— Não precisa. Vou achar um lugar mais seguro desta vez. Mas vou ter de trancar a porta quando for para escola ou quando for ficar muito tempo longe de casa.

— Faça isso. Eu tenho outra chave, quando precisar entrar.

Sueli voltou para o quarto mais calma. Entrou, trancou a porta e se sentou na cama. Pegou o diário e folheou. Parou na foto de um rapaz bonito. Ela acariciou a foto e falou baixinho:

— Se o Fábio nos atrapalhar, eu acabo com ele.

E suspirou fundo.

Olhei para dona Benedita para ver se eu tinha mesmo entendido. Ela sorriu e confirmou:

— É, Serginho. Ela está apaixonada.

Capítulo 8

OLHEI DONA BENEDITA SURPRESO.

— Será?

— Não vá me dizer que não reconhece as reações, o comportamento de quem está apaixonado? Caso tenha ainda alguma dúvida, olhe a emanações de seus centros de forças.

Observei Sueli com grande concentração e pude ver os pensamentos e emoções que dela emanavam, cheios de romantismo.

— E agora, dona Benedita? Preciso conhecer esse rapaz, saber que tipo de pessoa ele é – falei preocupado.

Ela tocou meu braço com suavidade e sorriu tranquila.

— Calma, você não confia em sua irmã, na pessoa que ela é?

— Confio – respondi sem hesitar. – Não confio é

nessa rapaziada que anda por aí sem compromisso com Deus, com a vida, enfim, sem compromisso com nada.

— Compreendo, vamos averiguar. Afinal, você é o irmão mais velho.

— Isso mesmo. Mais tarde voltaremos para que eu tenha uma conversa séria com minha irmã. Quero saber direitinho essa história toda. Será que minha mãe sabe?

— A deduzir pela reação que ela teve pela leitura do diário, acredito que não.

— Mas ela deveria contar tudo para dona Eugênia. Minha mãe é uma mulher compreensiva, atenciosa, interessada e presente. Por que Sueli não confiaria nela?

— Às vezes não é bem uma questão de confiança. Muitas meninas ficam confusas com suas emoções, suas expectativas e experiências. Até mesmo aquelas que são apoiadas e bem acompanhadas quando experimentam essas emoções, podem sentir dificuldades em se expressar e esperam o turbilhão interior se acalmar e tudo ficar mais claro para elas mesmas.

— Acho que isso não acontece só com as garotas. Com os rapazes também é assim.

— Concordo, mas as meninas são normalmente mais falantes, têm necessidade de compartilhar suas emoções.

— Então como fazem?

— Trocam entre si as experiências. Por isso as amizades são tão importantes, especialmente nessa fase.

Olhando-me com ternura, ela afirmou:

— Agora precisamos ir.

— Claro, está na hora.

Fomos direto para a casa de Renato. Ele tinha saído e ainda não retornara. Senti uma aflição forte ao entrarmos no apartamento em que ele vivia com os pais. A princípio não atinei para o motivo daquele mal-estar. Fitei dona Benedita para ver se ela sabia de algo, e ela apontou para o quarto dos pais de Renato.

— Meu filho e a esposa estão no quarto. Não devemos entrar, é um momento de intimidade deles.

Entendi o que ela quis dizer e concordei.

— Lógico.

De súbito, alguns espíritos visivelmente grosseiros e perturbados começaram a entrar na casa. Foram sete. Bem apresentados, muitos com os corpos bem cuidados, musculosos e bem definidos. As mulheres usavam roupas acentuadamente sensuais, deixando à vista partes íntimas do corpo. As roupas eram provocativas, e os semblantes eram de pessoas maliciosas.

Eles não podiam nos ver, pois estávamos em faixas vibratórias bem distintas. Ficaram diante da porta, aguardando. Um deles, que parecia o chefe, concentrou-se buscando conexão mental com o dono da casa, que logo abriu a porta, atendendo ao convite mental do recém-chegado, e foi buscar uma garrafa de vodca. Entrou e trancou a porta atrás de si.

A energia do ambiente se tornou ainda mais densa,

com emanações deletérias se espalhando por todos os ambientes.

Olhei para dona Benedita em busca de respostas. Não havia presenciado situação igual antes.

— O que acontece aqui? O ato sexual de um casal é sagrado. Nada justifica esse tipo de intromissão.

Fiquei com pena de dona Benedita. Ela estava visivelmente envergonhada, mas respondeu:

— Infelizmente, como tantos outros casais, eles são dados a assistir filmes, você sabe... Como posso dizer?

Adiantei-me na intenção de ajudá-la.

— De baixo teor vibratório e desrespeito em relação ao sexo.

— Agradeço sua cortesia. É uma forma bem delicada de dizer. Essas entidades são atraídas por esse tipo de vibração em relação ao sexo. Eles adoram e ficam lá dentro acompanhando tudo. É lastimável. Presenciam e estimulam as práticas que denigrem o ato belo do sexo. Eles aviltam essa prática.

Sentei-me no sofá da sala estupefato. Jamais havia presenciado algo como aquilo, e confesso que as energias eram ainda mais densas e viscosas, mais detestáveis do que as que senti quando fui buscar Paula no antro dos jovens viciados em drogas no plano espiritual.

Escutávamos as gargalhadas e os comentários feitos pelos espíritos no quarto do casal. A algazarra era degradante. Era uma verdadeira orgia. O ambiente foi ficando tão denso, tão insuportável, que eu não conseguia respirar, fui ficando sufocado.

— Preciso tomar ar.

— Venha, vamos dar uma volta.

Saímos depressa dali. Caminhamos por longo tempo em silêncio. Eu precisava me recuperar. Enquanto caminhávamos, vi muitos grupos idênticos àqueles que estavam na casa de Renato. Depois de uma longa caminhada, finalmente me senti melhor e comentei:

— Se as pessoas tivessem noção do que atraem quando não respeitam o sexo! Energias e espíritos degradados de todo o tipo. É asqueroso demais. Não me permitirei narrar aos queridos leitores o que vi naquela noite. É vulgar e degradante. Ninguém merece ver o que eu estava testemunhando. Se eu contasse aqui, ninguém jamais colocaria os pés em um motel, ao menos não aqui no Brasil.

— Benedita, que situação triste!

— Nem me fale, Serginho. As pessoas infelizmente não têm a menor noção, não conseguem se proteger. E esses irmãos infelizes e doentes – porque são espíritos adoentados –, que também fizeram do sexo obsceno, degradado, sua forma de vida enquanto estavam encarnados, influenciam de tal modo os seres no corpo denso, aproveitando-se de suas energias, de suas emanações, e os dominam. Os encarnados acabam obcecados por ideias sexuais deturpadas. E isso está se agravando mais e mais atualmente, espalhando mais dor e sofrimento, inclusive para aqueles que as praticam, pois colherão inevitavelmente aquilo que estão semeando.

— Acho que é porque o acesso à pornografia é maior e mais fácil. Está tudo disponível na internet, vinte e quatro horas por dia, para qualquer um que quiser.

— É isso mesmo. Os jovens que não são corretamente orientados entram em contato com isso, e se não têm valores morais bem sólidos e não sabem das consequências de se desvirtuar desse modo, o sexo e tudo de bom que ele pode e deve trazer às criaturas se torna algo que deteriora essas pessoas.

Voltamos a ficar em silêncio. Eu passei a observar com mais atenção ao meu redor e fiquei estarrecido. Era uma inundação de vibrações pesadíssimas que banhava certos ambientes de modo intenso, exalando inclusive odores repugnantes. E não estou falando de casas noturnas, ou de lugares assim, onde os desvios são mais do que conhecidos. Estou falando das casas, dos apartamentos, dos lares. Fiquei enojado.

— Preciso me refazer. Não estou me sentindo bem.

Segurei o braço de dona Benedita, pedindo socorro, e ela compreendeu na hora.

— Vamos direto ao núcleo espírita.

Em alguns minutos, estávamos diante de singela construção. Entramos. Logo nos primeiros passos dentro da instituição, senti grande alívio. A atmosfera de equilíbrio, fraternidade e harmonia, associada às energias mais sutis, foi me equilibrando rapidamente.

Dona Benedita conhecia a todos e me apresentou. Ficamos recolhidos na câmara de passes, nos refazendo. Eu, principalmente. Dona Benedita estava mais imune aos efeitos daquelas vibrações detestáveis. Fiquei intrigado.

Em menos de uma hora, eu estava totalmente refeito e retornávamos para nossa tarefa na casa de Renato.

— Está pronto para a tarefa, Serginho?

— Estou, dona Benedita. Agradeço sua ajuda e compreensão.

Ela sorriu sem dizer nada. Estava concentrada na tarefa que teríamos aquela noite. Para isso eu estava ali, para convencer Renato a assumir os desdobramentos de suas decisões e não complicar com um aborto sua encarnação. Mas eu tinha de perguntar.

— Como consegue se manter em tanto equilíbrio em meio às energias nojentas, asquerosas, a essas vibrações tão densas?

— Experiência, meu rapaz. Treino.

Eu queria saber mais, mas estávamos chegando, e eu também precisava me concentrar. Queríamos ajudar Renato e Pâmela, e era primordial colocar todo o nosso carinho, nossos melhores sentimentos e nossa mente na tarefa.

Capítulo 9

QUANDO ADENTRAMOS o quarto de Renato, já eram quase duas horas da manhã. Ele ainda estava no computador, navegando nas redes sociais. Todas. Com o *tablet*, o computador e o celular abertos, ele escrevia e lia em diferentes canais. Fiquei surpreso. Quando deixei o orbe, esses recursos já existiam, mas ainda não eram tão utilizados. Percebi que Renato estava cansado. Eu o conhecia bem, suas olheiras eram minhas velhas conhecidas. Certamente ele estava em semana de provas na faculdade e se distraía do intenso esforço que elas exigiam.

Sentei-me ao seu lado, e um enorme carinho brotou em meu coração. Queria abraçá-lo e lhe dizer o quanto o amava, o quanto desejava seu bem. Observando atento, percebi que ele estava mais maduro. Cuidava bem do corpo. Renato sempre gostara de esportes.

Depois de algum tempo aguardando, olhei para dona Benedita.

— Até que horas ele vai assim, surfando? – perguntei impaciente.

— Às vezes até quase o amanhecer.

— E é muito frequente?

— Muito.

— O jeito é aguardar.

— Oremos, Serginho. Vamos acalmar seus centros de forças com nossas vibrações. Ele precisa serenar os pensamentos. Tentemos atuar para que adormeça.

Começamos a orar, nos preparando para a tarefa. Era difícil nos concentrarmos naquele ambiente. Eu tinha muita dificuldade. Pensei em Jesus demoradamente, na intenção de elevar meus pensamentos e vibrações. No entanto, os pensamentos fugiam logo. Era difícil me manter focado. Então me lembrei do doce encontro com Chico Xavier. Do seu amor, seu carinho por todos, e as lembranças como que me transportaram de volta àquele momento sublime. Senti-me quase que flutuando e cheio de amor. Orei a Jesus pelo Renato e pela Pâmela, suplicando a ajuda e o socorro, pois a tarefa me parecia demasiado difícil e desafiadora. Sentia que não tinha recursos interiores para ter êxito. Eu ainda tateava os conhecimentos espirituais, e minha força mental e moral eram minúsculas. Uma paz indefinível então me envolveu. Recebi intensa confiança vinda de outras esferas, e elas me contagiaram. Envolvi

Renato nas minhas vibrações, e assim também fez dona Benedita. Em cerca de vinte minutos, meu melhor amigo começou a bocejar, tomado por entorpecedora sonolência. Fechou o computador, acomodou o tablet e o celular, ligados, à sua cabeceira e se preparou para dormir. Enfiou-se embaixo do lençol e se acomodou. Antes que ele adormecesse por completo, sussurrei-lhe aos ouvidos:

— Estou aqui, Renato, morrendo de saudades. Vim ver você, cara. Precisamos conversar.

Minha lembrança emergiu na mente de Renato, que adormeceu pensando em mim.

Esperamos que o sono atingisse o nível mais profundo e que seu corpo espiritual se desprendesse do corpo denso. Foi demorado. Executamos muitos passes magnéticos, até que conseguimos despertar o corpo astral de Renato. Ele olhou para mim completamente confuso, como se não me conhecesse.

— O quê? Quem... O que...

— Oi, cara. Saudades.

— Quem?

Olhei dona Benedita aflito. Ela se mantinha de olhos fechados, em profunda concentração, dando-me sustentação naquela hora. Compreendi completamente porque ela não conseguia comunicação com o neto. Voltei-me para Renato e, em um impulso quase incontrolável, abracei-o forte. Ele se deixou envolver em minhas vibrações, já conhecidas para ele. Quando se desprendeu, me olhou nos olhos, ainda confuso.

— Sou eu, cara. Não está me reconhecendo?

Ele meio que sorria, meio que queria fugir, eu podia sentir sua angústia. E pudera. Não é sempre que um "fantasma" aparece no seu quarto. Mas ele parecia ainda desmemoriado. Como eu poderia ter uma conversa séria com ele daquela forma?

Ele se sentou na cama.

— Estou confuso.

Sentei-me ao seu lado.

— Como estão os ensaios da Siderado?

O rosto de Renato se iluminou.

— Serginho! - ele falou quase em um grito, que eu não sabia se era de alegria ou de medo.

— Sou eu, cara!

Dona Bendita continuava nos sustentando.

— Mas como?

— Eu estava com saudades, ora. Faz tempo que não nos vemos.

— Cara, você morreu. Então eu...

— Calma, você está muito vivo. E eu também. É complicado, Renato, mas a vida não acaba com a morte do corpo.

— Isso é um pesadelo ou uma alucinação?

— Olhe seu corpo dormindo. Parece um bebezão.

Renato olhou o corpo denso e teve um choque. Não conhecia absolutamente nada a respeito de questões espirituais, nem trazia bagagem anterior ao seu reencarne para que eu pudesse utilizar naquele momento. Vi que ele ficou muito assustado e procurei acalmá-lo.

— Tenho muita coisa para te contar, cara. Muita mesmo. E tenho notícias de Paula.

Renato estava apavorado, mas continuei falando:

— Agora ela está bem, mas me deu uma canseira. Aquela menina é realmente complexa! Você lembra como foi difícil marcar o primeiro encontro com ela? Lembra?

Renato sorriu, e eu prossegui:

— Foi graças a você que tudo aconteceu, Renato. Eu vou ser sempre grato por ter conseguido me infiltrar naquele aniversário dela. Foi lá que consegui me aproximar e fazer com que ela me notasse, prestasse atenção em mim. E foi você quem conseguiu o convite. O relacionamento do seu pai com a empresa do pai dela. Lembra?

— Ela não queria mesmo nada com você. Fugia. E no final, depois da festa, vocês começaram a se encontrar escondido, e depois, andando de mãos dadas.

— É, foi bem mágico. Meu primeiro encontro com ela foi inesquecível. Ela sempre me dando trabalho. Brincadeira. Ela tinha os seus motivos.

— Que motivos?

— Um dia eu te conto. Agora ela está bem, mas foi difícil encontrá-la.

— E onde ela está?

— De novo na Terra.

— Como assim?

— É isso mesmo, Renato. Ela voltou para outro corpo físico. Ela é...

Parei no meio da frase. Senti que não devia revelar a identidade dela. Renato ficou me olhando, esperando eu falar.

— Ela é um bebê lindo. Pode crer.

— Que doideira é essa, Serginho?

— Reencarnação. Já ouviu falar?

— E por acaso isso é real, existe para valer?

— É de verdade, pode crer. Eu vi, acompanhei tudo.

Renato ficou sério. A nossa amizade forte e sincera fez com que ele se esquecesse por alguns instantes de que estava conversando com um amigo "morto".

— Devo estar tendo um pesadelo, daqueles dos quais não se consegue acordar. Eu quero acordar. Quero acordar.

— Pode acreditar no que quiser, mas preciso conversar com você. É muito sério.

Ele me fitava incrédulo, crendo-se dentro de um pesadelo. Aproveitando o que sabia que ele estava pensando, falei, enfático:

— Pesadelo será você e a Pâmela fazerem o que estão planejando.

— Do que você está falando?

— Do aborto. Sei que ela está grávida.

— Foi um acidente. Nem pensar que podemos ter

um filho agora. Além do mais, eu nem sei direito se gosto dela a ponto de ter uma família.

— É, mas você não pensou nisso quando... você sabe, quando arquitetou o bebê com ela. Naquele momento, só pensou no prazer, não foi?

— Eu não vou ficar aqui discutindo com um fantasma.

— Vai sim, meu amigo. Eu só quero o seu bem, cara.

— Do que você está falando.

— Renato, há muita coisa que você não conhece. Vocês não têm uma religião, crenças espirituais, valores morais mais estruturados.

— Que papo é esse, Serginho? Não estou te reconhecendo. Logo você, falando em religião?

— Não é bem religião. Aprendi um bocado de coisas depois que deixei meu corpo físico na Terra. Por exemplo, que o espírito não morre. Que a vida continua. E que tudo o que fazemos, todas as decisões que tomamos, nos trazem consequências. E elas nos alcançam inclusive depois que morremos. Ah, Renato, há muitas coisas novas no mundo em que estou vivendo. Estou sempre explorando novas experiências, novas vivências. É um mundo intenso e fascinante. Muito mais real do que o mundo material.

Renato me olhava entre surpreso e assustado. Eu continuei.

— Depois que acordei deste lado, fui socorrido por uma prima minha que já tinha morrido. A Lívia. Ela me ajudou muito em todos esses anos que se passaram desde a minha vinda para cá. Como você, eu também nem imaginava o que acontecia depois que a agente deixa o corpo. Aliás, nem pensava nisso.

— O que aconteceu?

— Do que você está falando?

— Do acidente.

— Foi um erro lamentável. Eu bebi além da conta. Queria ir embora, mas a Paula queria beber mais. A culpa não foi dela, foi minha. Eu estava dirigindo, eu bebi e corri além da conta. Eu escolhi. Ela incentivou, mas eu fiz a escolha. Fui o responsável pela minha morte.

— Achava que o motorista do ônibus fosse o culpado. Ouvi dizer até que respondeu processo.

— Eu já estive com ele e esclareci tudo.

— Já esteve com ele?

— Sim. Já me comuniquei com ele. O homem sofria todos os dias sentindo-se culpado. Mas a culpa não foi dele. Foi minha. E vou levar muito tempo ainda para me perdoar, Renato. Não há um dia sequer que eu não me arrependa de ter comprado aquela moto.

Minha voz ficou embargada pelas emoções das lembranças. Era difícil falar naquele assunto assim, abertamente. Doía muito. Eu desejava jamais ter tomado aquela decisão. Ele percebeu minha angústia e, como um bom amigo, disse:

— Sentimos muito sua falta. Queria que estivesse aqui. Sempre desejo que você esteja aqui.

— E eu estou, Renato. Vim para te ajudar a resolver essa questão da gravidez.

— Em que roubada eu me meti, Serginho. Agora não tem nada que possa ser feito. Ela precisa tirar o bebê.

— Não pode fazer isso, Renato.

— É só um feto.

— Não, não é. É uma vida, existe um espírito reencarnando naquele feto. Alguém que precisa seguir com seu processo evolutivo buscando nova oportunidade na Terra.

— Pois que busque oportunidade em outra parte. Eu não quero ser pai. Não agora.

— Então deveria ter tomado suas providências. Ser mais cuidadoso.

— Não vem com sermão.

— Mas é verdade.

— Que puritano! Moralista, isso sim é o que você se tornou.

— Nem de longe. Não é moralismo, não, senhor. É consciência.

— Como assim?

— Eu vou voltar aqui outra vez para te mostrar coisas que você nem imagina. Vou mostrar como as coisas funcionam. Você precisa saber, ter consciência da verdade para não fazer besteira. Aborto é um assassinato. Só Deus pode dar ou tirar a vida. A vida é um patrimônio dEle, e somente dEle.

— Eu não entendo direito o que você fala.

— Você precisa prometer que vai esperar mais alguns dias. Ao menos uma semana antes de tomar qualquer atitude.

— Não posso. A Pâmela está me pressionando, ela também não quer essa criança. Isso foi um acidente de percurso. Não poderemos sacrificar nosso futuro, nossos planos, nossos sonhos por causa de pequeno escorregão, de um erro besta desses.

Aproximei-me de Renato e o olhei com seriedade. Muito mais sério do que costumava me sentir. Um sentimento de urgência e de seriedade me tomou de súbito, e nasceu em mim um intenso sentimento de compromisso com o novo ser que estava tentando reencarnar, voltar ao corpo físico. Eu sabia que não adiantava explicar muita coisa ao meu amigo, por sua ignorância espiritual. Eu mesmo demorei anos para aceitar pequenas verdades, estando já fora do corpo denso. Como poderia ele absorver assim o que quer que eu lhe dissesse? Não. Eu sabia que teria de tomar ações mais concretas, mais próximas da realidade dele. Então disse, tentando despertar nele suas responsabilidades:

— Renato, o exercício da sexualidade deve ser praticado com responsabilidade. A questão não é simplesmente impulsos físicos, dar vasão aos desejos e pronto. Envolve muito mais. E, aceite ou não, você é responsável pelas consequências que decorrem desse ato.

Percebi que Renato se sentiu desconfortável, e insisti:

— Prometa que vai esperar alguns dias, para que eu possa te mostrar algumas coisas. Você precisa de pelo menos alguns dias para digerir isso. Caso contrário, meus esforços serão inúteis.

— Cara, não posso prometer nada. Eu nem acredito que isso aqui é de verdade. Para mim você é minha própria consciência. Meu inconsciente falando comigo. É isso.

— Não importa. Prometa.

— E eu vou me lembrar de alguma coisa quando acordar?

— Eu vou fazer você se lembrar.

Dona Benedita, que não foi percebida pelo neto, fez um gesto indicando que nosso encontro deveria terminar. Tínhamos de continuar depois.

Abracei meu amigo e pedi outra vez:

— Prometa. Você agora vai descansar, mas ao acordar se lembrará de que fez uma promessa. Prometa que vai esperar uma semana. Só isso.

— Tá bom. Digamos que isso aqui fosse verdade. Eu diria que prometo esperar uma semana. Afinal, nem consegui o dinheiro ainda.

— Que bom! Então temos um acordo?

Fui ajudando Renato a se acomodar, e ele entrou em forte sonolência. Sussurrei outra vez ao seu ouvido:

— Promessa é dívida. Vou cobrar.

Voltei-me para dona Benedita, que me sorriu feliz.

— Você conseguiu conversar com ele, meu filho. Que maravilha!

— Eu estou exausto.

— É uma energia muito densa mesmo. Só amando muito.

— Vamos ver se vai dar certo – resmunguei exaurido.

— É claro que vai!

Saímos buscando um ambiente de vibrações mais elevadas, para nosso refazimento, e eu não conseguia parar de pensar na criatura que tentava reencarnar. Lembrava-me das necessidades de minha ex-namorada Paula em retornar ao corpo físico e na mulher desconhecida, moradora de rua, que a abrigara em seu corpo, proporcionando-lhe a nova oportunidade de renascer.

Depois daquela conversa com Renato, me sentia ainda mais comprometido com o filho dele que chegava.

Capítulo 10

BENEDITA SEGUIA ANIMADA. Já eu, estava preocupado.

— Para onde vamos, Benedita?

— Vamos para sua casa. Sei que lá você poderá se refazer.

Caminhei em silêncio até quase chegarmos. Quando nos aproximávamos perguntei:

— Acha que vamos conseguir? É tão difícil despertar-lhe a consciência!

— Eu sei. A falta de valores morais e de se dar a real importância às questões espirituais dificulta tudo. As criaturas ficam completamente entorpecidas e entregues aos seus instintos, às suas vontades e desejos imediatos e egoístas, sem pensar nas consequências espirituais de seus atos.

— Espirituais e materiais, você quer dizer. Por que ele pode sofrer consequências sérias em sua vida.

— Certamente. É que quando a criatura está assim, considerando tão irrelevantes as questões espirituais, por mais que sofra, não reconhece que seu sofrimento está nas escolhas que fez. Ela vai pulando de galho em galho, culpando uns e outros pelos seus sofrimentos. Demora muito a enxergar que ela própria é a origem de suas mazelas e que, igualmente, as soluções de seus problemas estão dentro de si. Cada um pode ser seu próprio algoz ou seu próprio herói. O ser humano não precisa de heróis, apenas orientadores que os guiem para dentro de si mesmos.

Eu estava desanimado, e a nobre irmã percebeu logo, e me pediu:

— Não desanime. Tenho algumas ideias. Acho que o que o Renato precisa, e também a Pâmela, é de um tratamento de choque. Um choque de realidade espiritual.

— Será?

— Acho que devemos tentar – respondeu ela, com um olhar misterioso.

— Tem algo em mente?

— Vamos nos refazer aqui. Antes do amanhecer, podemos procurar Pâmela, investigar melhor suas tendências e predisposições. Caso nada funcione, vamos levá-los para conhecer uma clínica de aborto clandestino, para que se conscientizem do que os espera em um lugar como esse. Quem sabe isso os toque a consciência?

Confesso que fiquei assustado com a sugestão de dona Benedita. Aquilo me parecia um ato extremo. Ela captou meus pensamentos e respondeu:

— Nada é tão extremo quanto tirar a vida de outro ser humano. As consequências desse ato afetarão a vida de Renato, que atrairá sobre si mesmo compromissos sérios com as leis divinas, e esses débitos o alcançarão, levando a ele sofrimento e dor. Sabemos o quão sério é tirar a vida de outro ser. Deus é o dono absoluto da vida. Ela não nos pertence. Somos beneficiados com a vida, com o corpo que recebemos, enfim, somos usuários das bênçãos divinas. Tudo pertence ao Criador, que generosamente nos concede a oportunidade de escolher nosso caminho.

Ela fez demorada pausa, e por fim completou.

— Isso é que é extremo!

— Você está certa. Temos de usar todos os recursos para ajudá-lo! A escolha é dele, mas a nossa parte nós vamos fazer.

Entramos. O ambiente me pareceu um pouco menos denso. Todos dormiam. Andei devagar, pisando leve, como se pudesse acordá-los. Que hábito arraigado! Era assim que eu entrava em casa quando não queria que meus pais soubessem o horário em que eu tinha chegado.

Fui até o quarto de meus pais, que dormiam tranquilos. Observei o semblante de meu pai. Ele me parecia cansado. Havia envelhecido um pouco, mas sentia suas energias mais fracas.

Sorri feliz pela benção de poder vê-los e aplacar a saudade que sentia deles. Como eu os amava! Quando estava encarnado, não conseguia perceber como era enorme meu carinho por eles. Estava preocupado demais comigo mesmo para notar.

Depois, fui até o quarto de Sueli. Seu corpo denso estava profundamente adormecido e seu corpo espiritual estava sentado na cama, olhando para o vazio. Assim que entrei, ela me viu e correu em minha direção.

— Serginho! Como é bom vê-lo! Que saudades!

Abracei minha irmã com ternura e depois me sentei ao seu lado.

— O que está fazendo por aqui? Uma nova tarefa?

— É isso mesmo.

— E o que é dessa vez?

— Problemas com o Renato.

— O que ele fez?

— Ainda não fez, mas pretende fazer. Estou aqui para tentar impedi-lo.

Ela me fitou séria e interessada. Eu aproveitei a oportunidade e falei sem rodeios:

— A namorada dele está grávida e eles não querem a criança. Pretendem abortar.

— Que horrível! Isso é muito triste!

— Triste e perigoso.

— O aborto?

— Não só aborto em si, mas tudo o que envolve essa decisão, principalmente suas consequências.

— É. Aborto é um ato sério aos olhos de Deus, não é?

— Tudo o que fazemos contra as leis divinas nos traz consequências negativas, mas tirar a vida de outro ser tem impacto ainda mais forte. Claro que casa situação tem seus agravantes e atenuantes.

— Como as pessoas são sem noção!

Olhei minha irmã longamente. Ela me pareceu ligeiramente ausente, distraída por um súbito pensamento. Aproveitei a oportunidade e emendei:

— Nem me fale! Mas a coisa começa antes, você sabe.

— Como assim?

— A irresponsabilidade começa bem antes.

Ela esperava o desenrolar da conversa, e eu a olhava fixamente, para ver se ela atinava para o assunto em que eu queria tocar com ela.

— É verdade - respondeu ela meio alheia.

— Sabe do que estou falando, Sueli?

— Do aborto?

— Não. Estou falando de muito antes.

— De sexo?

— Também.

Ela ficou envergonhada, mas tentou disfarçar.

— Sexo é uma coisa boa, Sueli. Você sabe disso.

— Não.

— Mas eu sei. É bom, muito bom. Aliás, como tudo o que Deus criou. O problema é como resolvemos conduzir essa dimensão de nossa vida.

Ela me olhava séria.

— O exercício da sexualidade precisa ser vivido com consciência e responsabilidade, sabendo exatamente as consequências de nossas escolhas e os resultados que podem advir da vida sexual ativa. É preciso olhar além da força dos instintos, em si. Perceber o que abrange e se conduzir com sabedoria.

— Puxa, Serginho, que papo sério! Não quero falar desse assunto com você.

— E com quem você está falando sobre isso? Com a dona Eugênia?

— Eu tenho vergonha de falar com ela. Bem que ela tenta, mas eu saio de fininho, e ela acaba não insistindo. É tão íntimo!

Passei a mão com carinho na cabeça de minha irmã.

— Eu sei disso. Dá vergonha mesmo, mas esse assunto é importante demais, Sueli. Você precisa conversar com alguém, trocar, perguntar. Precisa conhecer todos os aspectos do tema e seus desdobramentos. É a melhor maneira de fazer boas escolhas nesse campo. Se fugir ao tema, ficando com conhecimentos e informações superficiais ou reduzidas, não conseguirá compreender toda a amplitude que ele envolve.

Fiz uma pausa e sorri para ela, que continuava a me escutar com atenção.

— Veja o Renato e a Pâmela. Eles não agiram com plena consciência. Poderiam ter utilizado qualquer método anticoncepcional. Há tantos disponíveis. Mas, em vez disso, não se preocuparam como deveriam, não deram a devida atenção para a questão. Aconteceu a concepção. Agora a situação deles é séria. E eles continuam lidando com o assunto sem dar a ele a devida importância. Estão a ponto de trazer muito sofrimento para suas existências. E por quê? Por não lidarem com o sexo, com a sexualidade com a consciência necessária.

Fez-se prolongado silêncio, e ela se sentou na cama, pensativa.

— Você está certo. Não damos a devida atenção para a questão. Falamos de sexo o tempo todo, mas não de uma maneira realmente construtiva. Esse assunto normalmente está envolto em muito segredo, em muita vergonha. Falta olhar para isso com mais abertura e tranquilidade. Que coisa, né?

— E você? Está se cuidando?

— Ainda não.

— Mas está namorando, não está?

— Não sei. Quer dizer, ainda não.

— Não me esconda nada, Sueli. Você sabe que eu vou descobrir mesmo.

— Não quero você por perto quando eu estiver namorando.

— Bobinha. Claro que não! Por isso estou aqui agora. O que está rolando?

— O nome dele é Dimas.

— Dimas?

— É.

— Você está apaixonada, minha irmã. Estou vendo em seus olhos. Eles brilham diferentes quando fala nele.

— É. Acho que estou.

— E ele?

Sueli sorriu ao responder sem graça.

— Acho que está também.

A lembrança do amado fez com que ela se soltasse. Puxou-me para sentar ao lado dela, como fazemos com os grandes amigos, e falou:

— Ele é uma graça, Serginho. Vai gostar dele.

E pôs-se a falar do namorado com ternura e carinho. Contou-me tudo, Desde quando haviam começado a namorar. Eram amigos no colégio, e a amizade virou paixão. Exatamente como aconteceu comigo. Ficamos muito tempo conversando. Ela falou sem parar, e eu escutei muito grato por poder estar ao lado da minha irmã e ajudá-la. Falei muito com ela sobre tudo o que eu sabia, como homem e como espírito. Orientei-a no sentido da importância do sexo e de como ele pode nos unir. Os dois estavam saindo há dois meses e aguardavam o momento oportuno para estabelecer a vida sexual como um casal. Eu tive a oportunidade, naquela noite, de orientar minha irmã. E ela me escutou atenta e abertamente. Foi uma conversa linda. Ao final, percebi que ela estava mais preparada e segura para tomar uma atitude na direção da vida adulta, com todas as informações de que precisava e a consciência espiritual do que o sexo tem de bom, verdadeiro, e principalmente de como o amor e o carinho são fundamentais entre o casal. Preparei-a da melhor maneira que pude. E ela aceitou bem.

Deixei-a dormindo tranquila quando saí do quarto. Dona Benedita me aguardava na sala.

— Pronto para o encontro com Pâmela?

— Gostaria de ver meu irmão, se não se importa.

— É que está quase amanhecendo.

— Nem notei. Vou dar uma olhada nele e podemos ir.

Entrei no quarto de Fábio e fiquei assustado. Ele estava tão diferente! Um adolescente dos mais rebeldes que conheci. O quarto tinha pôsteres de heavy metal e de vampiros e zumbis por todos os lados. A atmosfera do ambiente era densa, e ele tinha conexões espirituais visivelmente prejudiciais ao seu desenvolvimento espiritual equilibrado. Seu corpo sutil pairava bem sobre o corpo denso, quase não se percebendo a distinção entre eles. Beijei-lhe a face e disse:

— Venho te ver em breve. Precisamos ter uma conversinha de irmão mais velho para mais novo.

Fábio não registrou minha presença. Nem um pouquinho sequer. Saí entristecido e frustrado, mas logo tratei de mudar meus sentimentos. Afinal, tinha uma tarefa a cumprir.

Capítulo 11

AO NOS AFASTARMOS DA CASA, senti forte aperto no peito. A amorosa dona Benedita tocou meu braço com delicadeza e perguntou:

— Preocupado?

— Acho que sim. Senti uma angústia me envolver.

— É com Sueli?

— Minha irmã me preocupa um pouco, mas acho que a conversa que tive com ela me deixou mais tranquilo. Estou preocupado com Fábio.

— O que foi?

— Não sei. Senti-me angustiado depois de entrar no quarto dele.

— Foi algo que viu ou que sentiu lá dentro que o perturbou?

— Ainda não sei bem por que estou tão preocupado.

Retribui àquela adorável senhora seu olhar de compreensão e atenção dizendo:

— Vou deixar tudo isso de lado agora. Precisamos nos concentrar em Renato. Acha que ainda temos tempo de conversar com Pâmela?

— O amanhecer se aproxima, mas podemos tentar. Sem dúvida, depois de certa hora da manhã, com todos acordados e em intensa atividade, as sutilezas espirituais se tornam mais difíceis, mas ainda temos algum tempo antes que o frenesi do povo comece.

— Frenesi?

— E não é isso? Um corre-corre danado, todo mundo ocupado. E com o quê?

— Sobrevivência.

— Mesmo na luta pela sobrevivência, os animais nos superam. São mais tranquilos. Acho que não chega a ser nem mesmo sobrevivência. Acho que estão todos andando pela vida como sonâmbulos, sem objetivos próprios, caminhando como um rebanho, uma manada.

Olhei para dona Benedita e concordei. Seguimos rapidamente rumo ao encontro com Pâmela. Paramos diante de uma bela casa localizada em bairro nobre de São Paulo. Um jardim bem cuidado se espalhava pela calçada e pela fachada da residência, muito bem protegida, com segurança reforçada nos muros altos.

— É aqui.

— Bela casa, dona Benedita. É uma família com muitas posses.

— Sim, dinheiro é o menor dos problemas. No entanto, observe a psicosfera da casa.

Observei atentamente e notei que a residência estava envolvida em energias densas.

— Vamos poder entrar, dona Benedita?

— Temos autorização das esferas mais elevadas, por isso podemos, sim. Eles são religiosos, mas estão afastados das verdades espirituais. Levam o Evangelho nos braços, mas não o estão levando no coração.

— São católicos?

— Não. São protestantes.

Logo fomos recebidos por um homem mais velho e uma senhora, também com aparência de mais idade. Apesar de manterem aquela forma mais envelhecida, seus semblantes eram radiantes e seus olhos tinham intenso brilho. Eram seres que tinham intenso amor.

— É bom vê-la novamente, dona Benedita.

— Olá, Pedro. Como vai, Antônia?

— Preocupados com nossa menina.

— Conforme lhes falei, trouxe Serginho.

Ela nos apresentou. Percebi que já tinha falado a meu respeito.

— Estamos felizes em receber sua ajuda, Serginho.

— Estou aqui para colaborar. Espero que possamos realmente ajudar os dois.

— E nós também.

- Está amanhecendo. Vamos tentar manter contato com ela.

— Estaremos em vibração intensa para evitar que aqueles que não compreendem tentem nos impedir.

Ao atravessar a casa, notei que havia entidades espirituais com rosto de poucos amigos ao longo do caminho. O simpático casal nos levou direto ao quarto da garota, que dormia em sono profundo.

Ao entrar no quarto, fiquei impressionado. A cena era de comover os corações mais descrentes.

Pâmela dormia em sono profundo, e seu corpo espiritual estava agarrado ao corpo denso. Ela estava desperta, mas se mantinha de olhos cerrados, esforçando-se para não registar a presença do espírito que se ligara a ela pelos laços da maternidade.

Dona Benedita apontou o ventre da garota. Ela estava grávida de seis semanas. Pude ver claramente o feto que se formava. Na verdade, já estava formado, e o coração do bebê batia mais acelerado, respondendo às súplicas do espírito que desejava reencarnar. Este se ligava ao feto e, logo, à mãe. Víamos quatro corpos sobrepostos: o corpo denso de Pâmela e seu corpo espiritual, bem como o corpo do feto e o corpo espiritual daquele que seria seu filho. O corpo que se formava era masculino. Notei que a carga genética era perfeita, e o bebê teria um corpo saudável. Apesar disso, as energias de rejeição de Pâmela atingiam as estruturas sutis do perispírito do reencarnante.

Uma emoção intensa tomou conta de mim. Pude sentir profundamente a grandeza da vida, a força do criador materializada naquele minúsculo ser que se formava. Era intensa vida que havia ali. Tão intensa que eu quase podia ver o fluído vital do universo sendo canalizado para aquele ser, concedendo-lhe forças para agregar o ser espiritual ao ser material, no maravilhoso milagre da vida e da reencarnação.

Como a criação de Deus era perfeita em cada pequeno detalhe! Tive vontade de me ajoelhar diante daquela cena. Era quase o próprio Deus realizando seu trabalho de renovação da vida ali, bem diante, de mim. Uma coisa maravilhosa! Baixei minha cabeça e orei ao Criador. Eu não fazia muito isso. Mas naquele momento senti uma vontade enorme de agradecer a Deus pela sua grandeza, beleza e amor. Eu estava estupefato, atingido pela sublimidade daquele quadro.

Eu já havia visto muitas coisas bonitas em visitas à colônia espiritual Nosso Lar. Em minhas andanças, depois de deixar meu corpo físico, também já vira muitas coisas tristes e horrendas. Mas jamais havia sentido a grandeza do Criador como naquele momento. Agradeci e depois pedi ajuda a Ele, para que pudéssemos contribuir impedindo Pâmela de se comprometer com as leis divinas que regem o universo. Interromper a gestação seria cometer um crime contra Deus.

— Ela fica aqui, agarrada ao corpo denso. Já tentamos conversar com ela, mas não nos escuta. Tem medo de tudo.

Sem pensar muito, aproximei-me do ser em reencarnação e vibrei por ele todo o carinho que consegui. Senti que ele se acalmou um pouco. Os batimentos cardíacos do feto também reduziram ligeiramente. Aproximei-me de Pâmela e falei:

— Oi Pâmela. Sou Serginho, amigo do Renato.

Ela continuava com os olhos cerrados. Eu insisti.

— Precisamos conversar.

Ela não respondeu.

— Por favor, sei que está me ouvindo. Precisamos conversar - eu insisti outra vez.

Depois de argumentar mais um pouco, ela falou assustada:

— Vá embora. Não quero falar com ninguém. São todos demônios querendo me assombrar.

— Então é disso que tem medo? Acha que somos demônios?

— Vão embora. Sei que eu errei, que cometi um pecado muito grande. Mas vou consertar tudo. Eu vou consertar. Vocês não vão me levar embora. Eu vou me redimir.

A jovem desabou chorando em desespero. Seu corpo físico agitou-se, e logo a angústia foi sentida também pelo feto. Percebi que não adiantaria insistir. Ela não nos escutaria. Precisaríamos encontrar outro modo de ajudá-la.

Colocamo-nos em oração, buscando transferir vibrações de amor e harmonia a mãe e filho. Ambos estavam em profundo desequilíbrio. A operação durou cerca de trinta minutos, até que conseguimos que ambos se tranquilizassem um pouco.

A mãe de Pâmela entrou no quarto, chamando a garota enquanto abria de leve a janela, e a garota despertou sonolenta.

— Já é de manhã?

— Já são quase oito horas. Você não tem que estudar para as provas?

— Já vou, mãe - resmungou Pâmela contrariada. Depois se virou de lado e adormeceu outra vez.

Saímos do quarto. Não havia nada que pudéssemos fazer naquele momento. Precisaríamos de outra estratégia. Acompanhamos o casal que nos recebera até os fundos da casa, que abrigava outro jardim bem cuidado, e nos sentamos sob um belo pergolado com dois pés de primavera ao seu redor. Elas estavam floridas e lindas.

Ao me acomodar, respirei profundamente. Eu precisava de ar fresco.

Capítulo 12

DEPOIS DE ALGUM TEMPO em silêncio ali embaixo daquele pergolado, quando o aroma das flores nos envolveu, no ar fresco daquela manhã de primavera, olhei para dona Benedita e comentei.

— É, minha amiga. Temos muito trabalho.

— Nem me fale! Por que acha que você está aqui?

— Mas por que eu? Não tenho experiência nessas coisas. Como posso ajudar? Você é que é a experiente aqui.

— Mas você é jovem. Você sabe exatamente como eles pensam, sentem, e qual o melhor meio de ajudá-los. Você é um deles, enfim.

Sorri ligeiramente. Ela tinha razão. Muitas vezes, para compreender um jovem, somente outro jovem. Os adultos parecem que esquecem o que sentiam, o que pensavam, quais seus problemas, aflições e angústias na adolescência. Parece que depois que crescem, eles olham para essas questões como se fossem menores.

Mas não são. Ser adolescente é difícil em qualquer época, seja nos tempos atuais ou antigamente. Os problemas mudam, os desafios podem ser diferentes, mas o jovem passa, nessa fase, pelas mesmas transformações internas. As mudanças hormonais, a necessidade de autoafirmação, a necessidade de descobrir sua individualidade, a necessidade de desafiar os pais. É um momento delicado, de grandes transformações, mas que todos que são adultos já sentiram na pele.

— Por onde começar? - indaguei.

— Sente-se melhor?

— Sim. A natureza sempre me alimenta.

— E graças a Deus por ele ter nos colocado a natureza por perto. O que seria de nós sem ela?

Sorrimos, e ela prosseguiu:

— Pâmela tem dezesseis anos. A mãe é completamente contra o namoro com Renato. Principalmente por ele não ser evangélico.

— Eles se conheceram na escola?

— Não. Na verdade, se conheceram no clube. Os dois jogam tênis, e a garota é muito boa. Renato se encantou com ela, e começaram a se encontrar, apesar da diferença de idade.

— Então estão namorando escondido, é isso?

— Exatamente. Pâmela tem feito de tudo para esconder dos pais seu relacionamento.

— Mas como faz isso?

— E eu ainda preciso explicar? O que o jovem não faz quando deseja alguma coisa?

Lembrei-me da minha moto e dei um sorriso amarelo. Dona Benedita tinha razão. Sempre conseguimos esconder dos nossos pais aquilo que eles não querem que façamos.

— E agora ela está desesperada. Os pais são muito rigorosos. Pensam que a filha, que frequenta os cultos regularmente e participa de um grupo de jovens, está protegida. Não imaginam que a garota os está desobedecendo.

— Eles não percebem? Então a mãe e ela não são amigas?

— A mãe acha que é, mas de fato não considera o turbilhão pelo qual a menina está passando. E ainda mais agora, com a gravidez.

Encostei-me no banco e respirei fundo.

— Ela está sozinha e desesperada. Que coisa triste!

— E meu neto, que a deveria estar apoiando, não está. Você percebeu como ele leva a questão de modo leviano. Quer que ela faça o aborto e pronto. Está até um pouco entediado com ela, por representar um problema em sua vida.

— Ele gosta dela ao menos?

— Ele gosta, sim. Mas não está disposto a fazer qualquer sacrifício, muito menos assumir a garota, conviver com os pais evangélicos e tudo o mais que implicaria em assumir a consequência de sua decisão, de seus atos.

— Acho que ela precisa mais de nós do que ele.

— Sem dúvida. Mas precisamos movê-lo, tocá-lo, para que ele a apoie.

— Você está certa. Pressionar a menina é deixa-la ainda mais desequilibrada.

— Exato.

— Vamos trabalhar sobre o Renato, na intenção de influenciá-lo. E vamos trabalhar para equilibrar Pâmela, para que possamos de algum modo ajudá-la.

— Certo. Nosso foco maior, então, será Renato.

— Dada a urgência e a delicadeza da situação, proponho o seguinte: vamos nos separar. Vou acompanhar Pâmela ao longo do dia hoje. E você fica com Renato. Vamos trabalhando a situação, na tentativa de dificultar-lhes a concretização de ações na direção do aborto.

O casal que nos acompanhava já havia se afastado para auxiliar no equilíbrio de Pâmela. Benedita concordou prontamente, e nos separamos. Eu sabia que o dia seria longo.

Entrei na casa elegante e sofisticada, onde uma empregada trabalhava na cozinha. Fui até o quarto e encontrei Pâmela sentada na beira da cama. Ela estava muito pálida. Correu para o banheiro da sua suíte, tendo o cuidado de antes trancar a porta de seu quarto.

Ajoelhou-se no chão, à frente da privada, e vomitou

inúmeras vezes. Eram os enjoos matinais que a estavam torturando. Quando terminou, sentou de novo na beira da cama e começou a chorar, cheia de angústia. Como desejei ajudá-la naquele momento! Aproximei-me dela e apliquei-lhe passes, buscando transmitir-lhe energia e, acima de tudo, compreensão e imenso carinho. Sabia que o que ela mais precisava naquele momento era de um colo, de apoio. Se eu pudesse e se eu soubesse, teria me feito visível para ela. Mas Pâmela recebeu muito bem minhas vibrações. O enjoo atenuou-se, e ela se acalmou. A mãe chamou pela menina, que abriu a porta e respondeu que logo desceria.

Ainda sem muita vontade, começou a se arrumar. Aproximei-me dela e falei aos seus ouvidos:

— Você está muito bonita, Pâmela. Mais bonita ainda por estar grávida. Traz uma vida dentro de si. E isso, por si só, é belíssimo! Não tenha vergonha.

Procurei de todos os modos transmitir-lhe pensamentos positivos, que a colocassem para cima. Parece que deu resultado. Ela desceu e tomou um café bem leve com a mãe, que alertou:

— Precisa comer mais, filha. Você está emagrecendo.

— Não tenho tido fome.

— Sei. E por que não? - Parecia que a mãe desconfiava. Percebia o medo no olhar de Pâmela. Senti que ela queria contar. - Você tem se alimentado muito mal ultimamente. O que está acontecendo?

— Não tenho me sentido muito disposta.

— Está doente, filha? Vou marcar um médico.

— Não - ela quase gritou. - Não precisa. São as provas. Muita pressão. Você sabe como eu fico com a pressão. Sinto enjoos.

A mãe continuava a olhá-la como desejando esquadrinhar seus pensamentos. Ela pressentia, eu tinha certeza.

— Se estiver acontecendo alguma coisa mais, Pâmela, você tem de me contar. - Sua voz ficou mais aguda e estridente. Ela estava ficando irritada. Certamente a possibilidade da gravidez passara por sua mente. - Não deve esconder nada de mim, de seu pai, você sabe. É pecado desobedecer os pais. Jesus não aprova isso.

— Eu sei, mãe. Eu sei. Não estou escondendo nada. Imagine! Preciso ir agora. Tenho teste simulado a tarde toda. Vou antes para estudar um pouco com minhas amigas.

— Está certo. Volte direto para casa. Precisamos conversar.

Pâmela gelou. Seu coração começou a bater acelerado. Ela olhava para a mãe como a pensar: "Será que ela está desconfiada? Será que descobriu?".

De supetão, levantou-se, pegou suas coisas, despediu-se da mãe com um beijo e saiu depressa, ofegante. Como eu poderia fazê-la se acalmar se a cada segundo ela tomava um novo baque que a desestabilizava?

Eu a segui de perto. Procurava orar ao seu lado, na tentativa de acalmá-la.

Na escola, não se encontrou com ninguém. Foi direto para a biblioteca e acessou seu *tablet*. Tirou da bolsa dois papéis com anotações e os colocou sobre a mesa. Eram endereços. Ela clicou, e eu acompanhei. Pâmela pesquisava clínicas de aborto. Claramente tinha recebido indicação de alguém e pesquisava para conhecer o lugar. Nas fotos da internet, tudo parecia muito bom. Clínicas de obstetrícia, tudo normal.

Era certo que Pâmela queria se livrar o mais rápido possível daquela situação. Uma amiga chegou e se sentou. Era a que havia lhe conseguido indicação das clínicas.

— Qual delas será que é melhor? – perguntou Pâmela, com ansiedade.

— Minha prima fez nesta aqui – apontou para um dos papéis.

— Então é boa?

— Boa, boa, não é. É que essas coisas não são muito baratas. Essa ela conseguiu o dinheiro para pagar. E ela está viva.

— Ai que horror, Laura!

— Mas é verdade.

— Meu Deus! Por que foi acontecer isso? E agora? Preciso resolver depressa. Acho que minha mãe está ficando desconfiada. Se é que ela já não descobriu.

— Não seria melhor você contar logo tudo pra ela?

Será que ela não iria compreender, te ajudar? Amiga, essa é uma situação muito delicada.

— Não! E você prometeu que não contaria pra ninguém.

— Claro que não! Mas ela é sua mãe! Quem sabe você não está enganada? Ela vai te compreender.

— Ela nunca vai me compreender! Ela me proibiu de ver o Renato. Ela não aprova, não quer que eu namore, principalmente com ele. Já falei pra você. Eles não gostaram do Renato quando encontraram com ele no clube.

— Que implicância!

— Implicância mesmo!

— Você acha que é por ele não ser evangélico?

— Acima de tudo. E também por ser mais velho do que eu. Eles não aceitaram de modo algum.

— Que droga essa religião! - Laura levantou ligeiramente a voz.

— Fale baixo.

Pâmela calou-se, com lágrimas nos olhos. Sentia medo, dor e raiva ao mesmo tempo. Bateu na barriga com toda a força. Ela detestava estar grávida. Detestava aquele ser que se intrometera em sua vida e agora crescia dentro dela.

Eu estava em pé ao lado dela e podia notar claramente o efeito que suas palavras e sentimentos causavam no ser que reencarnava. As vibrações de raiva e rejeição da mãe estremeciam as fibras delicadas daquele corpo em formação. E as energias deletérias e densas que acompanhavam aquela alma tornavam-se ainda maiores. Em consequência, alimentavam o mal-estar em Pâmela. Ela sentiu forte enjoo e teve de correr ao banheiro. Quando retornou, estava pálida. Sentou-se desanimada. Suas forças pareciam se esvair. A jovem se sentia perdida e só.

Aproximei-me dela e a envolvi em vibrações de amor. Naquelas condições emocionais, seria muito fácil para ela tomar decisões que poderiam lhe trazer amargas consequências. Eu podia notar a ideia fixa do aborto, que se transformara em forma-pensamento cada vez mais intensa. Já não era apenas um desejo. Resolver o problema se tornava uma obsessão. E o ser em formação, compartilhando e sabendo igualmente das intenções daquela que lhe seria a mãe, sofria intensamente.

Fiz uma oração com todo o meu carinho, e ao final observei que Pâmela se acalmara levemente, e também o bebê. O trabalho era incessante, mas não evoluía.

Aproximei-me um pouco mais de Pâmela e tentei conversar com ela. Falei com todo o meu carinho:

— Você não precisa praticar esse ato contra a vida, Pâmela. Há outras maneiras de contornar essa situação. E pense acima de tudo: se Deus permitiu que você ficasse grávida, sendo Ele o dono da vida, deve haver um motivo. Com certeza há um motivo. Deus está dando uma oportunidade para essa alma que volta ao corpo através de você, do seu corpo. E você tem algo a aprender com toda essa situação. Pare e pense. Nada acontece sem ser da vontade de Deus. Ele é o dono de tudo. Deus ama você, do mesmo modo que ama esse serzinho que está se formando.

Parei e fiquei observando emocionado o feto. Como era perfeito! O coraçãozinho batia acelerado, e a vida ganhava intensidade. Observava ainda o fio que ligava o corpo em formação ao espírito que encarnava. Que coisa maravilhosa era aquela! Um ser que habitava o mundo espiritual encontrava uma ponte para voltar ao mundo. Como Deus é perfeito em tudo o que faz! Eu via o sangue correr pelo corpinho e a energia se fortalecer entre o feto e a alma que o animaria.

Mas Pâmela não me escutava. Nem um sinal de que ela captava de alguma forma minha presença, meus pensamentos, meus sentimentos. Eu estava emocionado diante da beleza da vida. Muito emocionado. Sentia vontade quase incontrolável de tomar aquele ser em meus braços, tamanha sua fragilidade e delicadeza. Protegê-lo. Ampará-lo. E naquele momento, pela primeira vez, desejei um dia voltar à Terra como mulher, para poder trazer em meu corpo a possibilidade do milagre da vida. Poder colaborar com o Criador daquela forma era uma incumbência sagrada.

Embora a jovem mãe não me notasse, percebi que o feto se acalmou, e o espírito que reencarnava sorriu, demonstrando que recebia meu carinho. Ele se sentia bem com minha oração. Fiquei ali mais um pouco, observando aquela cena grandiosa, e fiquei curioso: quem seria aquele espírito? Por que retornava naquelas condições?

Deixei Pâmela entregue a si mesma e rumei para a casa de Renato. Era preciso informar dona Benedita sobre as intenções de Pâmela e de sua fixação quase impenetrável no aborto. Para ela, esse já era um fato consumado. Ela desconsiderava quaisquer pensamentos ou ponderações que lhe apontassem caminho diverso. Precisávamos agir.

Capítulo 13

AO CHEGAR, A DOCE SENHORA me recebeu com as conhecidas rugas na testa. Nem precisava falar, eu sabia que ela estava preocupada. Sorri e a abracei.

— Infelizmente, as notícias que trago não são boas.

— Não me fale uma coisa dessas - e suspirei.

Fiquei em silêncio sem conseguir dizer nada. O que Renato estaria aprontando agora? Não me atrevi a perguntar, mas ela logo falou:

— Meu neto está sendo muito mais irresponsável do que eu poderia supor. A falta de consciência da realidade espiritual está lhe fazendo muita falta.

Olhei-a em silêncio, e ela prosseguiu:

— Ele está simplesmente ignorando suas obrigações e responsabilidades. Está... - ela fez uma pequena pausa, depois completou em tom irritado: - Está com a intenção de abandonar Pâmela sozinha nessa situação.

— Como assim? - perguntei assustado.

— Acho que ele está negando internamente seus compromissos. Quer parar de olhar para a situação como sendo sua responsabilidade. Quer se convencer de que a moça é responsável, por não ter tomado todos os cuidados.

— Ele quer se isentar? Mas que absurdo!

— E isso não é o pior.

Fiquei mudo, quase sem conseguir respirar. O que poderia ser pior?

— Ele marcou um encontro com outra garota. Pretende se afastar gradualmente de Pâmela e já encontrou uma substituta para lhe atender as necessidades fisiológicas.

— Como sabe de tudo isso? Você consegue ler os pensamentos dele?

Dona Benedita sorriu pela primeira vez em alguns dias.

— Quem me dera, Serginho. Quem me dera. Mas ainda não sou capaz. Eu o acompanhei o dia todo e o vi conversando com alguns amigos. Ele confidenciou seus sentimentos e intenções a alguns deles.

— Que amigos? A senhora sabe?

— Que eu tenho certeza, ele conversou com Marcelo e com Tiago.

— E o que disseram?

— Tiago o apoiou completamente. Concordou que a menina é que tinha a responsabilidade maior e apoiou sua decisão de se afastar dela, já que está lhe trazendo tantos problemas.

— E Marcelo?

— Achei que ele ficou meio em cima do muro, sem saber direito o que dizer, e não alertou o amigo, por não saber se posicionar. Mas acho que ele não concorda muito com o que Renato planeja.

Sentei na cama de meu amigo sentindo o chão sumir. A situação estava se complicando, ficando cada vez mais difícil.

— O que faremos? - perguntei por fim. - Precisamos agir. Será que consigo me materializar para o Renato? Será que assim, se eu me materializar, ele me escuta? Acho que sim, não é, dona Benedita?

— Não creio que seja possível sua materialização, meu querido.

— Não há tarefas de materialização em alguma casa espírita aqui em São Paulo?

— Não tenho conhecimento.

— Podemos procurar.

— Podemos, sim, mas não estou convencida de que isso seja suficiente.

— Ah, não é possível! Se ele estiver diante de um fantasma, conversando com ele diretamente, acho que vai começar a acreditar que o mundo espiritual é de verdade e que a vida continua sempre, bem como a responsabilidade por aquilo que escolhemos fazer em cada momento de nossa existência, quer estejamos no corpo físico ou no mundo espiritual.

— Não sei se teremos autorização para algo assim. Você sabe que uma materialização exige preparo, é um trabalho muito sério e sempre com fins muito nobres e superiores.

— Mas a preservação da vida é algo mais do que importante.

— Sim, mas nossos irmãos já têm acesso a informações, orientações. Eles sabem o que devem fazer e estão escolhendo o contrário. Lembre-se: sempre temos o direito de escolher. Ninguém poderá fazer isso por nós.

Suspirei profundamente, sentindo-me acuado e impotente.

— O que fazer?

— Precisamos nos recolher em oração, Serginho. Buscar orientações superiores para podermos saber quais providências são possíveis de serem tomadas. - Dona Benedita tocou meu ombro com carinho e recomendou: - Vá para a casa de seus pais. Busque lá sua inspiração. Eu irei ao núcleo espírita que nos apoia, e hoje, no início da noite, nos encontraremos aqui novamente. Que Deus nos inspire as melhores possibilidades.

Nos separamos de novo. Segui para a casa de meus pais com o coração pesaroso. Queria impedir meu amigo de fazer aquilo. Sabia que as consequências seriam muito graves e que aquela decisão lhe traria tristeza, dor e sofrimento, que poderiam prejudicar toda a sua programação encarnatória. E, acima de tudo, ele contrairia pesados débitos com as leis divinas, semeando dor para o futuro. Mas não podia decidir por ele, apenas inspirá-lo e aconselhá-lo a fazer o que era certo.

Ao chegar na casa que fora o meu lar, estava tudo em silêncio. Escutei ao longe um choro abafado. Vinha do quarto de Sueli.

Quando entrei, encontrei-a de bruços soluçando baixinho. No chão o celular com uma foto dela e um rapaz. Pela posição e localização do celular, percebi que ela o tinha arremessado ao chão. Por sorte, ele deve ter batido no pufe do canto do quarto e não quebrara.

Aproximei-me de minha irmã. Como ela era bonita! Desejei abraçá-la e a envolvi com todo o meu carinho. Ela percebeu, porque falou, entre os soluços:

— Serginho?

— Estou aqui, querida. O que aconteceu?

— Nada.

— Não pode esconder nada de mim, você sabe disso. Se não me contar, vou descobrir de qualquer jeito.

— Não pode invadir assim a minha vida!

Silenciei por instantes. Ela estava certa, mas não me contive.

— Não importa. Vou invadir assim mesmo. Não quero ver você sofrendo, sem fazer nada. Pode contar pra mim. Afinal, sou um anjo. Posso te ajudar.

Ela se sentou na cama, sorriu entre lágrimas e disse, enxugando o rosto com as mãos:

— Anjo? Que anjo o quê!

— Tudo bem. Um aprendiz então?

Ela sorriu mais, relaxando um pouco. Sentei-me ao lado dela. Sua mediunidade estava mais intensa do que nunca, e ela conseguia captar minha presença com grande nitidez.

— O que houve?

— Fico com vergonha de falar nesse assunto.

— Mas por quê? Do que tem vergonha?

— De tudo que diz respeito ao assunto.

— Namorado?

— É também.

Olhei para ela incrédulo. Ela estava falando de sexo. Minha irmãzinha querida estava falando de namorado, sexo, de tudo isso. Tive vontade de dizer a ela que nem pensasse naquilo. Mas como? Ela estava com dezessete anos, hormônios a todo o vapor, experimentando os arroubos da sexualidade que explodia em seu corpo. É claro que ela devia sentir receio de compartilhar comigo suas emoções. Aquilo tudo era muito íntimo.

— Por que está chorando? Você está namorando?

— Ficando.

— E onde se conheceram?

— Numa festa na escola.

— E já... você sabe, rolou algo mais sério?

— Não. Mas nos encontramos muitas vezes depois e acabamos ficando.

— Quantos anos ele tem?

— Dezenove.

— E pelo jeito não está sendo uma boa experiência para você.

— Estou confusa, Serginho. Eu gosto dele, quero ficar com ele cada vez mais, por mais tempo, mas não tenho certeza de que ele sente a mesma coisa.

Eu olhava a minha irmã prestando atenção a cada detalhe de seu rosto enquanto ela falava. Seus longos cabelos cor de mel desciam lindos pelos ombros. Como haviam crescido! Seus olhos demonstravam a profunda angústia que ela estava sentindo, e eu podia notar as energias conturbadas envolvendo sua mente e seu coração. As energias sexuais estavam profundamente afloradas, e eu sabia que ela estava assustada também com aqueles ímpetos que sentia. Eu a escutava com muita atenção. Ela se manteve calada por um instante, e depois disse:

— Ele quer... quer... você sabe, o normal para qualquer casal.

— Sim. Normal, né?

— Acha mesmo?

— Se acho sexo normal?

Ela balançou a cabeça sem conseguir responder, e sua face ficou ligeiramente ruborizada.

— Claro que é normal, Sueli. Sexo é algo bom e

saudável. De fato, é algo muito lindo. Eu sei que você sabe disso, então qual é o problema?

— Não sei se estou preparada.

— Ah! Isso é importante. Se não está pronta, ouça sua consciência, minha irmã. Nunca ignore a intuição, pois ela sempre será sua melhor conselheira.

— Mas meu corpo...

— Eu sei. Seu corpo está pronto. Mais do que pronto, eu imagino. Mas sexo não é algo somente físico, Sueli.

— Não? Como assim?

Eu ia prosseguir, mas ouvi barulho na casa. Minha mãe estava chegando com Fábio. Sabia da importância de seguir naquela conversa com Sueli, então propus:

— Esse assunto é de muita importância. Podemos continuar mais tarde, ou amanhã? É que dona Eugênia está chegando.

Sueli sorriu sem graça, e eu emendei:

— Mas quero muito conversar com você sobre isso. Afinal, é por conta desse mesmo assunto que estou nesta missão.

— É verdade.

— Tenho certeza de que posso compartilhar com você tudo o que estou aprendendo, e vai ser muito útil. – Fiz uma breve pausa, depois perguntei: – Você tem conversado com a mãe sobre o assunto?

— Não, e não quero que ela saiba de nada.

— Mas, Sueli, ela poderá te ajudar.

— Não quero conversar sobre minhas intimidades com ela. Tenho muita vergonha.

— Mas ela é mulher, como você. Já passou por tudo isso também. Do que tem medo?

Sueli olhou para mim sem saber o que responder, e minha mãe entrou no quarto, pegando minha irmã sentada na cama, de olhar vidrado nos meus olhos.

— Oi, filha. Tudo bem? O que você está fazendo aí sentada desse jeito? Já sei – afirmou dona Eugênia, intuindo imediatamente, e as duas falaram juntas:

— Conversando com o Serginho.

Capítulo 14

AFASTEI-ME FALANDO para Sueli:

— Depois eu volto para continuarmos o assunto que começamos. Aproveite e converse com ela. Não se esqueça de você pode compartilhar tudo, tudo mesmo com nossa mãe. Ela é uma mulher amorosa, esclarecida pelo amor e pelo sofrimento. Vai compreender você, seja no que for. Confie. Ela é um anjo que Deus colocou em nossas vidas.

Os olhos de Sueli brilharam ao escutar minha últimas palavras, e deixei as duas conversando animadas.

O dia estava terminando, e logo eu teria de voltar para a casa de Renato. Aproveitei que mãe e filha conversavam e fui para o quarto de meus pais. Acomodei-me na cama onde sabia que minha mãe costumava orar, me pus a falar com Deus, pedindo sua ajuda e orientação e permaneci ali por longo tempo orando. Depois silenciei para escutar a resposta que certamente chegaria. E escutei claramente sussurrarem em meus pensamentos: Marlene Nobre.

Marlene Nobre? Quem é ela? Doutora Marlene Nobre. Doutora. Quem seria ela? Médica? Onde iria encontrá-la? No que ela poderia me ajudar? Fiquei ali pensando, até que ouvi minha mãe entrando no quarto com Sueli. Falavam sobre namoro, ser mulher e sobre filhos. Escutei então minha mãe dizendo:

— Doutora Marlene Nobre fará uma palestra muito interessante sobre sexualidade, saúde e sobre aborto. Ela é uma defensora da vida, minha filha. Acho que seria interessante você ir comigo assistir.

Sueli hesitava um pouco e logo que entrou no quarto me viu. Eu estava boquiaberto. Quem estaria nos inspirando daquela forma? Procurei, chamei baixinho, pedindo que aquele que estava ali nos ajudando se manifestasse, mas não havia ninguém, ao menos que eu pudesse ver. Sueli olhou para mim e riu.

— O que foi, Serginho? Parece que viu um fantasma!

— Eu estou surpreso. Quem é Marlene Nobre? Pergunte à mãe.

— Serginho quer saber quem é Marlene Nobre.

— Ele ainda está por aqui?

— Está sim.

— Bem, é preciso tempo para falar sobre essa trabalhadora de Jesus. É uma mulher que serve ao Mestre com amor e dedicação. Ela é médica ginecologista e trabalha na divulgação do espiritismo. Fundou com o marido uma casa espírita, onde trabalha em todas as frentes possíveis: escreve e edita livros e um jornal, faz palestras, fundou a Associação Médico-espírita do Brasil... É incansável. E está à frente de uma campanha nacional contra o aborto. Gostaria que você viesse comigo, Sueli, para ouvi-la.

— Pergunte à mãe quando será a palestra.

Sueli seguia intermediando minha conversa com dona Eugênia.

— Quando será essa palestra, mãe?

— Amanhã à noite.

— Vá, Sueli. Tenho certeza de que será esclarecedora. Eu também irei e levarei outras pessoas comigo.

— Quem?

— Nos encontraremos por lá. Pode deixar que acharei vocês.

Eu ia saindo, quando Sueli falou:

— Já foi visitar Paula?

— Não. Está tudo bem com eles?

— Está sim. Ela está crescendo e ficando cada vez mais linda. Você deveria ir vê-la.

Sorri satisfeito com as notícias da vida de menininha para a qual Paula, minha antiga namorada, retornara. Estava morrendo de saudades, mas ainda não tinha encontrado tempo para revê-la.

***

Entrei no quarto de Renato e deparei com dona Benedita inquieta.

— Ainda bem que chegou! Não consigo colocar um só pensamento bom na cabeça deste menino. Ele não me escuta de modo algum. Está com a ideia fixa no encontro com essa garota, só pensa nisso. Em como seduzi-la, conquistá-la e essas coisas, você sabe.

Abracei a dedicada avó de Renato e contei a ela o que acontecera na casa de meus pais, a inspiração que recebera para levar Pâmela e Renato à palestra de Marlene Nobre. Certamente ela poderia oferecer a eles orientações importantes.

Saímos imediatamente à procura do núcleo espírita que nos apoiava. Precisávamos da ajuda de companheiros experientes. Chegamos ao núcleo e logo estávamos com o dirigente, esclarecendo a situação.

— É uma orientação interessante. Conhecemos bem o trabalho dessa companheira, e certamente levará consciência aos corações de Pâmela e Renato. Vou designar uma equipe para auxiliá-los. Vocês precisam que ambos adormeçam profundamente, para que possam ser levados em espírito até a palestra. Graças a Deus contamos aqui com valorosos trabalhadores de Jesus.

Antonio saiu e logo retornou com quatro espíritos - três homens e uma mulher jovem - que iriam nos ajudar em nossa empreitada.

Fomos primeiro à casa de Pâmela, onde ela estava lanchando com os pais. Nossos amigos se colocaram bem atrás dela, aplicando-lhe energias calmantes, relaxantes. Rapidamente todos os seus músculos começaram a relaxar profundamente, e ela começou a bocejar, sentindo-se tomada por uma sonolência incontrolável. Ao mesmo tempo em que lhe aplicavam os passes, lhe diziam que ela precisava dormir, descansar.

— O que você tem, Pâmela? - perguntou a mãe, notando a súbita sonolência da garota.

— Estou cansada. Acho que são essas provas se aproximando. Tenho estudado muito. - E assim que finalizou seu lanche, Pâmela se levantou e disse: - Vou tomar um banho e descansar.

Os pais finalizaram o lanche, enquanto ela subiu ao quarto. Mas enquanto se preparava para o banho, o torpor a dominou. Deitou-se e relaxou mais fundo, até cair no sono, que, com a ajuda dos servidores espirituais, fez-se mais e mais profundo.

Quando seu corpo denso ficou completamente relaxado, seu corpo espiritual se desprendeu ligeiramente, e então me aproximei dela.

— Olá, Pâmela. Quero que venha comigo.

— Quem é você?

— Sou seu anjo da guarda.

Não tive escrúpulos em mentir naquele momento. Sabia que ela precisava desistir daquela ideia absurda do aborto e eu estava totalmente comprometido com aquele objetivo.

— Meu anjo da guarda? Então isso existe mesmo? Não é só história?

Aproveitei que a jovem estava meio atordoada e respondi com convicção:

— Claro que é verdade! Você tinha dúvidas? Vamos, precisamos ir depressa.

— Para onde?

— Vamos dar um passeio. Não gosta de passeios?

— Adoro!

— Então vamos.

Sem esperar um só minuto, apoiei o períspirito de Pâmela e seguimos para o salão onde haveria a palestra. Ao chegar, fiquei surpreso. O lugar era pura luz, que até ofuscava.

Acomodei-me ao lado de Pâmela, numa espécie de galeria dentro do amplo salão. O tema da palestra de Marlene Nobre naquela noite era “A defesa da vida”.

Pâmela estava um pouco alheia, sentindo-se confusa com tudo que se dava à sua volta. Ela não compreendia e acreditava estar sonhando.

Fiquei aguardando ansioso a chegada de dona Benedita, que traria Renato, junto com os demais companheiros. Mas o tempo foi passando, e eles não chegavam, o que aumentou minha ansiedade. Por que eles não chegavam?

Iniciou-se o trabalho no plano físico e igualmente no plano astral, começava a tarefa de apoio. Um coral de crianças, trazidas de colônias espirituais, cantava com suas delicadas vozes infantis uma linda melodia de louvor e gratidão à vida.

Curioso, perguntei a um trabalhador espiritual do salão:

— Quem são essas crianças? Por que estão aqui?

— São espíritos que se preparam para voltar ao corpo. Eles assumiram a forma física infantil para se encontrarem com os pais, que em breve os irão receber. Assim o encontro fica mais doce, mais suave e inspirador. Aproximam-se da forma que irão apresentar quando seus corpos físicos tiverem essa idade.

— Interessante. Muito obrigado.

O trabalho seguia nos dois planos, e minha ansiedade não tinha tamanho. Quando anunciaram que doutora Marlene começaria a palestra, dona Benedita entrou com os quatro trabalhadores. Sem Renato.

— O que houve? Cadê o Renato?

Dona Benedita olhou para Pâmela e sorriu. Depois ficou séria e lamentou:

— Não conseguimos fazê-lo adormecer. Ele estava tão agitado, todo o corpo dele tão fixado na expectativa do encontro que o aguardava, que não nos foi possível relaxá-lo. Que bom que pelo menos você obteve sucesso.

— É, mas ela está bem confusa. Temo que não consiga fixar nada do que ouvirá.

Os trabalhadores me escutaram e logo interviram, oferecendo um copo com água repleta de fluidos tonificantes, que Pâmela sorveu. O intuito era dissipar da mente dela o torpor que a dominava. Felizmente, quando a palestra começou, a garota estava acordada o suficiente para compreender os preciosos ensinamentos que receberia.

Capítulo 15

MARLENE NOBRE PROFERIU uma palestra extremamente esclarecedora sobre a realidade da vida no ser reencarnante. Falava como médica ginecologista e como espírita e médium. Explicou com detalhes o momento exato da ligação do espírito com o corpo físico, o momento preciso, na concepção.

— Sim, meus irmãos. Somos veementemente contrários ao ato do aborto. Compreendemos as diversas circunstâncias adversas a que muitas vezes o ser feminino, a mulher, fica submetida em uma gestação não desejada. Circunstâncias aparentemente indesejadas, detestadas e odiosas. Entretanto, como conhecedores das verdades espirituais, não podemos ignorar que a preparação para o início de uma nova vida começa muito antes da concepção.

Envolvida em sublime luminosidade que a grande maioria dos assistentes não podia ver, a grande servidora do bem prosseguia em sua palestra, inspirada por espíritos superiores.

— Vocês acham que o espermatozoide que consegue a vitória sobre os demais o faz por acaso? André Luiz nos esclarece que não. Entre os milhões que partem, há um, ou dois, ou três, dependendo da quantidade de fetos a serem gerados na gravidez, que já foram escolhidos e são auxiliados pelos espíritos trabalhadores do serviço de concepção para alcançarem o óvulo primeiro. O espírito que vai reencarnar normalmente já está presente no momento da concepção, aguardando o momento de ser ligado, conectado às primeiras células de seu novo corpo que começarão a se desenvolver.

Enquanto o público presente acompanhava atento as explicações da palestrante, no plano espiritual tudo aquilo que ela dizia era demonstrado em uma transmissão tridimensional, em tamanho ampliado, bem no centro do auditório, de maneira que todos pudessem acompanhar visualmente e em detalhes suas explicações. Os espíritos ali presentes assistiam em tempo real, como se tudo estivesse acontecendo diante deles, os detalhes do momento do início de uma nova encarnação na Terra. Os presentes podiam acompanhar os fatos da vida microscópica e espiritual sem serem expostos às cenas tão familiares da procriação.

Quando a transmissão começou, Pâmela, que antes estava distante, ajeitou-se na cadeira. De súbito, o assunto e as cenas a que assistia lhe impressionaram profundamente. Ela sabia que aquilo que via também se passava dentro dela. Estava tudo acontecendo em si mesma. Alarmou-se. Então o ser que trazia em si já tinha uma alma? Apesar de ainda estar confusa, sentiu-se despertar do torpor e tornou-se muito atenta e presente.

As cenas se seguiam didaticamente, e a palestrante também, com ensinamentos esclarecedores.

— Como podem deduzir, a vida espiritual está presente no ser reencarnante no momento em que o espermatozoide penetra o óvulo, no momento em que a fecundação acontece. É nesse exato momento que o ser espiritual se liga por fios magnéticos ao óvulo fecundado pelo espermatozoide, dando início a uma nova existência para aquele ser. Nenhuma concepção acontece ao acaso, sem um objetivo útil. A ciência estuda os diversos casos em que essa concepção parece não ter dado certo, e por falta de consciência espiritual de nossa humanidade, de uma ciência ainda pouco espiritualizada, muitas vezes são dados pareceres favoráveis ao direito da mãe de interromper a gestação indesejada ou problemática. Certo. É direito, sim, de cada um. Uma mulher é dona de seu corpo e pode fazer o que bem quiser com ele. Mas não vamos nos enganar. Não somos os donos da vida. Nosso poder é limitado, e colheremos sempre a consequência de nossos atos quando decidimos infringir as leis divinas. Deus governa a tudo e a todos através dessas leis perfeitas. O apóstolo Paulo disse: "Todas as coisas me são lícitas, mas nem todas me convêm". Temos de pensar muito no sentido profundo dessas palavras, à luz dos conhecimentos espíritas. Quanto mais conhecemos, mais responsabilidade temos.

Pâmela começou a ficar aflita, remexendo-se inquieta. Conhecia bem aquele versículo que Marlene Nobre citara, e de repente ele, que ela escutara tantas vezes na igreja que frequentava, fez um sentido diferente. Sentiu o peso da responsabilidade em seus ombros e começou a chorar. De imediato dois jovens que trabalhavam no plano espiritual aplicando passes em irmãos no corpo denso e fora dele se aproximaram dela e começaram a tratá-la.

Eu estava em silêncio, igualmente maravilhado com os recursos tecnológicos e energéticos que eram utilizados naquele salão, e perguntei baixinho a um dos trabalhadores do seminário:

— Todos os jovens que estão aqui, em espírito, estão encarnados?

— A maioria, mas não todos. Fazemos um esforço muito grande para conscientizar nossos irmãos de suas responsabilidades e da seriedade que é uma gravidez, para evitar sofrimentos futuros e muita dificuldade para as mães, pais e os espíritos em processo de reencarnação. Não é raro vermos serem travadas verdadeiras batalhas espirituais entre os espíritos reencarnantes e seus futuros pais biológicos depois de um aborto. Todos perdem, no final das contas.

Balancei a cabeça concordando. Depois que Pâmela se acalmou, conseguiu me ver com mais clareza e perguntou:

— Eu conheço você. De onde?

— Sou amigo do Renato.

— Não me lembro direito.

— Não nos conhecemos pessoalmente, acho que só por fotos.

— É. Acho que vi uma foto sua no celular dele. Vocês tocavam em uma banda.

— Isso.

— Por onde anda? Mudou de país? Renato não tem falado mais de você.

— Pode-se dizer que mudei de país.

— Onde mora agora?

Titubeei. Não queria chamar a atenção dela para o fato de eu estar "morto". Ela pensaria que estava morta também, ou poderia ter outro tipo de reação que não nos interessava naquele momento. O foco era o conteúdo da palestra, para levar luz nova sobre as decisões dela. Então desconversei:

— Sou um cidadão do mundo e vivo em toda a parte.

Sorri, desencorajando-a a continuar com o assunto. E deu certo. Ela me devolveu o sorriso e voltou a prestar atenção na impressionante projeção que acontecia no centro do salão espiritual. Uma projeção magnífica, que nunca tinha visto antes. Para deixar envergonhados os realizados de qualquer efeito especial de filmes e parques temáticos.

De onde eu estava, procurava localizar Sueli, mas não a encontrava. Desejava muito que ela estivesse por ali para ouvir aquilo tudo. Era muito importante que ela também tivesse consciência da grandeza e da importância que abrangia ser uma mulher. Ela ingressava na vida adulta e estava às voltas com decisões importantes.

A palestra estava chegando ao fim. Uma movimentação intensa se fez no salão. Mais de cinquenta espíritos se aproximaram da doutora Marlene, envolvendo-a em uma energia ainda mais intensa e luminosa. Ela finalizou a palestra com uma oração linda e repleta de energia que se irradiava sobre os presentes. Fachos de luzes desciam sobre todos, que eram beneficiados pela fixação dos ensinamentos obtidos naquela palestra graças às emoções sublimes que logo marcavam as mentes, auxiliando no aprendizado.

A movimentação de espíritos, energias e recursos tecnológicos e humanos era tão grande, que deixava clara a importância do tema para o plano espiritual superior.

Ao final da prece, não pude conter as lágrimas e chorei diante da beleza da vida, do amor de Deus pelos seus filhos e do papel grandioso da mulher como auxiliadora do Criador para proporcionar novas encarnações aos filhos de Deus. Pâmela também me parecia diferente. Certamente ela fora tocada pelos ensinamentos. Estava pensativa e introspectiva, mas seus olhos demonstravam que ela estava desperta e compenetrada. Senti-me confiante de que as lições ficaram claras para ela.

Estávamos deixando o salão quando cruzei com o sorriso largo e amoroso de Sueli. Ela se jogou em, meus braços e falou, sem conseguir conter a alegria:

— Como é bom poder te abraçar, meu irmão! Como sinto sua falta!

Ficamos ali agarrados por alguns instantes, trocando amor e carinho em um abraço delicioso. Depois Sueli falou, empolgada:

— Aprendi muito. Que palestra maravilhosa!

— Pensei que você viria com a mãe, quero dizer, com corpo material mesmo... - E sorri.

— Ela acabou ocupada, e eu não tinha outra companhia. Esqueci do assunto, mas senti uma sonolência incontrolável e fui pra cama mais cedo. Se não deitasse, acho que desmaiaria. Dormi logo e fui trazida pra cá. Meu protetor está por aí, conversando com amigos. Ele me mostrou onde você estava e me autorizou a vir dizer um olá.

Procurei o espírito que acompanhara minha irmã, e não demorou a que nossos olhares se encontrassem. Agradeci com um aceno, e ele retribuiu. Estava tão feliz quanto eu pelo efeito da palestra sobre Sueli.

— Esta é Pâmela - apresentei logo as duas, que se cumprimentaram brevemente. - Temos de ir agora, Sueli.

Despedimo-nos, e retornei com a namorada de Renato para casa. Quando entramos no quarto, ela deu um grito, assustada, ao ver seu corpo físico dormindo na cama.

— O que é isso? O que está acontecendo? Eu estou morta?

— Não, Pâmela. Este é seu corpo físico.

— E isso aqui? - perguntou indicando o corpo sutil, espiritual.

— É seu corpo etéreo.

— Meu espírito?

— Não. Seu espírito está como que dentro desse corpo espiritual.

Ela se sentou ao lado do corpo físico, confusa. De súbito, estendeu a mão e a colocou sobre o ventre do corpo adormecido. Vi claramente emanar uma vibração de afeto do espírito que ocupava o ser em formação. Ele também apresentava energia confusa, mas foi imediatamente acolhido pelo sentimento de carinho de Pâmela.

— O que vou fazer agora? Como vou ter esse filho? Tínhamos combinado, eu e o Renato, que eu faria o aborto. Ele não vai concordar que eu tenha o bebê. Ele tem muitos planos para o futuro, e um filho agora vai dificultar tudo.

— Estou ciente de tudo o que o Renato pensa e

deseja. Estamos trabalhando para que ele tenha consciência da verdade e aceite a vontade de Deus com relação a essa criança.

— Ele deveria ter ido hoje com a gente.

— Deveria mesmo, mas não conseguimos levá-lo.

— Por quê?

Essa pergunta penetrou meu corpo como uma espada. O que eu poderia dizer a ela naquele momento? Não tinha uma desculpa plausível e não poderia deixar que ela desconfiasse de nada, ou colocaria todo o esforço daquela noite em risco. Então eu disse, sem pensar:

— Ele está meio gripado, e por isso não conseguimos levá-lo. - E enquanto eu falava, fui acomodando-a gentilmente em seu corpo denso. - É hora de você descansar. Precisa dormir.

Ela não disse mais nada. Foi se acomodando em seu corpo denso, e o torpor tomou conta dela.

Seu corpo físico remexeu-se, e ela despertou. Sentou-se na cama e balbuciou, arrumando o cabelo longo esparramado sobre o rosto:

— Que sonho estranho!

Acariciou o ventre com o mesmo carinho que fizera havia pouco. Depois se deitou e adormeceu novamente, e eu tive a certeza de que tivera êxito na minha missão com ela naquela noite.

Capítulo 16

DEIXEI O QUARTO DE PÂMELA e fui direto para a casa de Renato. Procurei por dona Benedita e a encontrei sentada à cabeceira da cama do neto, acariciando seu rosto. Ao me aproximar, ela me olhou com lágrimas nos olhos.

— Vamos perdê-lo, Serginho.

Ajoelhei-me ao lado dela e segurei suas mãos, que tremiam sob o peso da emoção.

— Não diga isso, dona Benedita, por favor. Não podemos desistir.

— E não vamos, querido. Mas preciso enfrentar a verdade. Meu neto não aceita meus conselhos e mesmo rejeita qualquer pensamento mais elevado que lhe dirijo. Nós o estamos perdendo. Acho que somente a dor das experiências frustradas e o sofrimento poderão fazê-lo compreender e mudar seu rumo. O amor, o carinho não o sensibilizam agora. Ainda que tenha tentado de todos os modos.

— Então me deixe falar com ele.

— Ele não está aqui. Saiu assim que seu corpo adormeceu.

Prestei mais atenção e notei o fio sutil que saía do corpo inerte de Renato, pela casa afora, sem ser impedido pelas paredes do plano material mais denso.

— E para onde foi?

— Lembra-se daquele grupo de espíritos menos felizes que rondavam a casa no dia em que chegamos?

— Se me lembro? Ainda sinto arrepios ao pensar neles.

— Pois é, meu filho. Renato saiu em companhia deles, para farrear.

— Mas são amigos dele?

— Não propriamente, mas espíritos que rondam este lar, atraídos pelos interesses, pelos pensamentos e vibrações que meu filho e meus netos emanam. Se nutrem e se comprazem nessas energias. São afins em termos de vibrações. Meu neto busca os prazeres fáceis e imediatos do sexo sem considerar os sentimentos e os laços que o ligam às moças com quem se relaciona. Não quer compromisso, apenas gozar a vida, como ele diz. Sempre que lanço uma semente de consciência em sua mente, ele refuta, afirmando que é jovem e que só se vive uma vez, portanto, tem de aproveitar ao máximo. E vai se chafurdando em energias levianas.

Não me surpreenderia se logo outra jovem estivesse grávida. Essa mesmo, que ele pretende conquistar agora, será outra vítima.

— Ele está determinado então?

— O quê? Determinadíssimo. Ele já está preparando tudo para sábado à noite. Pretende jantar com a moça, levá-la para uma balada e depois prosseguir com uma noite romântica.

— Mas está gostando dela?

— Está usando a jovem para se distanciar de Pâmela e dos problemas que ela representa agora. Ela deixou de ser diversão e passou a ser compromisso, e é disso que ele está fugindo.

Sentei-me ao lado de dona Benedita, compreendendo seu desânimo. Renato estava fazendo a sua escolha, e contra isso pouco poderíamos fazer.

Dona Benedita esboçou um sorriso ao perguntar:

— E como foi com Pâmela?

— Acho que tivemos êxito. Ela retornou ao lar convencida de que não deve matar uma vida. É uma boa garota, tem um coração sensível aos ensinamentos de Jesus. Está assustada, é natural, e precisaremos fortalecer seus propósitos amanhã para defender os resultados desta noite.

— Que bom, filho! Pelo menos isso. Assim, se a moça for forte, firme em seus propósitos, amenizaremos um pouco as consequências das escolhas de Renato.

— Mas o problema continua, dona Benedita. Renato quer que ela aborte.

— Ela terá de ser determinada, forte pelos dois, pois ficará sozinha nessa decisão. Precisamos fortalecê-la com muita intensidade. Faça tudo o que for possível para que ela não abandone mais essa posição. Continuarei tentando trabalhar a mente de Renato.

Senti uma tristeza emergindo ao perguntar:

— Eles não ficarão juntos, não é?

— Nunca esteve nos planos reencarnatórios deles uma vida a dois.

— Muito menos o filho. Então como pode? Por que Pâmela engravidou? Essa gravidez não deveria acontecer.

— Não deveria, mas poderia. Eles têm laços e compromissos de passado com esse irmão que se ligou ao corpo que se forma em Pâmela. Ele desejava ardentemente reencarnar, e os dois ofereceram a oportunidade.

— Mas e os espíritos superiores, e Deus, permitem isso? Nascer por um acidente?

— A providência divina se movimenta através de suas leis perfeitas, sempre agindo com amor incondicional e para o bem de todos. Como os dois jovens estão seguindo pela vida levianamente, sem se comprometerem com nada, apenas com as questões materiais, Deus permitiu que essa gestação ocorresse para auxiliar tanto os dois quanto o ser que precisa renascer. Tudo é aproveitado, conduzido pela sabedoria divina. Deus sempre está no comando de tudo. Renato e Pâmela, que já conviveram em vidas pregressas, não tinham em sua programação constituírem um lar. Mas mesmo assim poderiam ter feito essa escolha mediante responsabilidade aceita diante das consequências de suas decisões. Mas eles não querem aceitar as lições que a vida está oferecendo como forma de promover o progresso de ambos. Resolveram que abortar o bebê resolverá seus problemas, e poderão voltar a viver como antes de tudo ter acontecido. Não querem refletir e aprender com as circunstâncias. Em tudo que nos acontece há uma lição escondida. Passarmos pela situação e superá-la nos fará crescer e nos tornará melhores. Afinal de contas, não é para isso que reencarmanos? Para progredir?

Fiquei algum tempo em silêncio, pensando em tudo o que dona Benedita dissera. Queria compreender melhor aquilo.

Despedi-me da amorosa avó de Renato e retornei confiante para junto de Pâmela. Como a situação estava crítica em relação ao meu amigo, eu investiria meus esforços nela, que se mostrava agora mais receptiva.

***

Assim que percebi os primeiros sinais de que Pâmela estava despertando, sussurrei-lhe aos ouvidos:

— Existe uma pessoinha dentro de você, Pâmela.

Um coração batendo, um ser que você pode acolher e ser a ponte entre o mundo espiritual e o mundo material. Você pode fazer a diferença para ele recebendo-o. Ele precisa de todo o seu amor.

E imediatamente transmiti a ela minha lembrança das imagens magníficas de nosso encontro com Marlene Nobre na noite anterior e fiz com que aquela forma-pensamento se fixasse na tela mental dela. Queria que ela lembrasse vividamente.

Ela recebeu bem minhas sugestões e sorriu acariciando o ventre. Eu sorri também, feliz com seus primeiros progressos. Firmei meu trabalho com ela. A cada pensamento negativo que aflorava de seus medos, muito naturais e verdadeiros, diga-se de passagem, eu afirmava os benefícios espirituais que ela angariava mantendo firme sua posição. Sentia que estava praticamente convencida. Agora o maior desafio era ajudá-la a abrir-se com a mãe. Resolvi que acompanharia Helena – a mãe de Pâmela – para tentar prepará-la para a notícia. Deixei a menina com o carinhoso cuidado de seu anjo da guarda, que a acompanhava a distância.

Passei o dia ao lado de Helena, enviando-lhe pensamentos que a ajudassem a aceitar melhor a realidade da filha quando o momento chegasse e Pâmela fosse contar a ela sua situação. Precisávamos que ela abraçasse Pâmela, ao invés de condená-la e julgá-la.

Helena era uma mulher de princípios fortes e tinha planos bem elevados para os filhos. Apresentava certa inflexibilidade, mas era amorosa. Notava isso em seus gestos e pela emanação de suas emoções. Ela genuinamente desejava o bem de seus filhos e os amava o quanto lhe era possível. Eu estava confiante de que teríamos sucesso.

Afastei-me para procurar Pâmela, e a encontrei na biblioteca com a amiga.

— Então você está mesmo decidida? - perguntou a amiga. - Vai ter mesmo o bebê?

— Vou, Vitória. Estou decidida.

— E o que a fez mudar de ideia assim de repente?

Pâmela ficou pensativa por alguns instantes, tentando encontrar uma explicação lógica para aquela decisão, e por fim disse:

— Não sei direito, mas tive um sonho muito real esta noite. Estava em um grande salão, com muitos anjos. Muitos. Eles passavam um filme genial mostrando o momento em que o feto passa a ter alma.

— É mesmo? E quando é? Isso é um mistério para a ciência.

— É desde a primeira célula, desde o comecinho. Não posso matar uma vida. Eu não tinha ideia de que era assim. Não dá. Vou ter o bebê.

— E o Renato?

— Não sei ainda, mas ele vai ter de aceitar. Vou achar um modo de convencê-lo. Afinal, ele é meu namorado e gosta de mim. Vai acabar aceitando.

— Se você está dizendo... – respondeu a amiga um tanto descrente.

Tudo caminhava bem. Eu estava satisfeito. Continuaria conduzindo o processo com muito cuidado.

Percebi que Pâmela olhava o celular a todo instante, desejando ver uma mensagem do namorado. Mas nada. Nem sinal de Renato.

***

Dois dias se passaram, e o sábado chegou. Renato ligou para Pâmela no meio da tarde, estrategicamente, cancelando o encontro daquela noite.

— Mas por que, Rê? Estou com saudades. Não nos vimos a semana toda.

— Também estou com saudades – respondeu o dissimulado Renato, diante do computador confirmando o encontro com a outra. – Mas tenho de estudar.

— Não venha com desculpas. Estudar hoje? Está me cheirando a mentira.

— Não, meu amor, não é isso. Eu não passei muito bem durante essa semana. Acho que foi uma virose ou coisa assim. Só fui melhorar ontem, e você sabe que a faculdade não dá moleza. Preciso mesmo estudar. Mas nos vemos amanhã.

— Sabe que no domingo eu não posso.

— É verdade. Que desligado! – Falava e sorria malicioso o meu melhor amigo, mentindo descaradamente. E sem muita cerimônia, ele cobrou: – E aquele assunto? Já consegui o dinheiro. Pode escolher o lugar que eu pago.

— Vamos precisar conversar sobre isso, Renato. Quando podemos nos encontrar?

— Segunda-feira podemos almoçar juntos, depois da aula. Que tal?

— Está bem. Combinado.

Pâmela desligou o celular encafifada. Tinha alguma coisa errada. Renato não costumava passar tanto tempo assim longe dela. Ele estava aprontando alguma coisa. Sentada na cama, ela ficou olhando o telefone e pensando como faria para descobrir o que estava acontecendo. Com um sono incontrolável ocasionado pelos crescentes níveis de hormônios da gravidez, acabou adormecendo. Acordou perto das nove, quando seu celular não parava de trepidar com mensagens dos amigos. Foi direto para as mensagens e não acreditou no que estava vendo. Toda a galera da escola estava fazendo circular fotos de Renato com Amanda. E os comentários eram de todos os tipos. Muitos sabiam que Pâmela e ele estavam namorando e, indignados, enviavam-lhe as fotos. Principalmente as amigas. Mas outros comentavam sem saber ou se importar com os envolvidos. Estavam se divertindo com aquilo. Várias fotos de Renato e Amanda se beijando na lanchonete.

Pâmela ficou enfurecida e desnorteada. Vestiu-se como um furacão e, depois de chamar um táxi, sem dar muitas explicações aos pais, saiu dizendo ir estudar na casa de uma amiga.

— Eu te levo então, filha - informou Helena.

— Não precisa, não. A mãe dela vem me buscar.

Pâmela beijou a mãe e saiu depressa. Queria ver aquilo com seus próprios olhos.

Estava enlouquecida pelos ciúmes, e isso, aliado aos sentimentos de rejeição e à raiva dos dois traidores, potencializados pelos hormônios da gestação, a fazia agir sem pensar.

Pegou o táxi, um conhecido da família que sempre a levava para seus compromissos. Pediu a ele absoluto sigilo e fê-lo ficar à espreita do casal. Depois de meia hora de espera, viu os dois saindo abraçados e aos risos. Beijavam-se repetidas vezes e de modo apaixonado. Ele a estava traindo na cara de todo o mundo, e ela se deu conta de que Renato não se importava com ela ou com o filho que estavam esperando. Os momentos de intimidade que haviam tido lhe passavam pela memória. Seus carinhos, suas palavras de amor e dedicação eram todas mentira então! Lembrava-se também da mãe dizendo que ele não era o rapaz certo para ela. Como não conseguira enxergar?

Seguiu os dois. Queria ver até onde iriam, e seu coração quase saiu pela boca quando o carro de Renato embicou no motel em uma avenida distante. O taxista, vendo o sofrimento dela, pediu:

— É melhor irmos agora, Pâmela.

Já era tarde. A jovem estava enfurecida, cheia de raiva e de mágoa. O carro do namorado entrou no estabelecimento sem titubear e sumiu na escuridão do inimaginável. Pâmela balançou a cabeça concordando com o motorista do táxi e desatou a chorar o caminho todo de volta. Eu tentava acalmá-la, mas ela soluçava e gemia. Estava profundamente ferida. E eu podia compreender bem. Sentia em mim a dor dela.

— Bem que minha mãe me avisou. Aquele desgra....

E lá foi ela xingando Renato o caminho todo. A duas quadras de casa, parou de chorar. Limpou as lágrimas e mudou de atitude. A raiva tinha tomado conta dela.

Entrou em silêncio, foi para o quarto e passou pelo da mãe. Abriu a porta e disse:

— Voltei, mãe.

— Tudo bem, filha?

— Tudo.

— O que você queria conversar comigo, Pâmela?

— Nada, mãe. Já resolvi. Estava com dúvidas em uma matéria de ciências, mas está tudo resolvido. Valeu ter ido estudar hoje.

Helena tinha acompanhado Pâmela até o quarto, e à meia luz do corredor, não conseguiu notar os olhos ainda meio vermelhos da garota. Despediram-se, e assim que a mãe saiu do seu quarto, Pâmela procurou na agenda o papel com o telefone da clínica que fazia abortos clandestinos. Ligou no mesmo momento. O telefone não atendeu.

Ela fechou a agenda e se preparou para dormir.

— Amanhã ligo logo cedo. Vou acabar o mais rápido possível com essa história.

Pâmela não conseguia mais raciocinar, dominada que ficou pela raiva, mágoa, decepção e tristeza. Por mais que eu tentasse, não conseguia mais ativar as lembranças das experiências vividas na noite do encontro com Marlene Nobre em sua mente. Todo o trabalho que havíamos feito para alertá-la havia se perdido.

Capítulo 17

NEM BEM O DIA havia amanhecido e Pâmela já estava de pé. Eu fiquei a noite toda ao lado dela, tentando conversar com ela, mas a jovem fechara-se envolvida em densas energias. Eu lamentava profundamente todo o ocorrido. Ela estava tão decidida, quase havíamos conseguido. Agora, magoada e ressentida, estava profundamente ofendida como mulher. E eu podia entendê-la, sabia que estava sofrendo, mas que. ainda assim, o melhor para ela jamais seria se deixar dominar por aquelas emoções. Elas eram naturais, humanas e legítimas, mas eram passageiras. Como tudo o mais na Terra, não durariam para sempre, e tomar decisões nessas condições nunca traz resultados positivos.

Os mais temíveis pensamentos passavam pela mente dela. Eu podia ver as formas-pensamentos se desprendendo de seu ser. Ora ela desejava se matar, ora matar Renato, e mais do que tudo, se livrar daquele ser indesejado que se instalara dentro dela. Contida pelos valores que recebera, pensando em Deus e na família, ela sempre retornava ao ponto de partida: sua miserável condição de namorada grávida e abandonada. Era como ela se via naquele momento: uma vítima do namorado infiel e mentiroso. Uma vítima.

O pequeno ser que se preparava para voltar à matéria, para uma nova encarnação, sofria os impactos da raiva e das demais emoções deletérias que se acumulavam mais e mais em torno do corpo de Pâmela. Verdadeira nuvem negra a envolvia. O feto sofria.

Logo que acordou, Pâmela enfiou-se no chuveiro, e foi difícil esconder com maquiagem as olheiras que se haviam formado devido à noite mal dormida. Mas ela se esforçou. A última coisa de que precisava àquela altura era que a mãe desconfiasse de algo.

Tomou o café da manhã e estava esperando sua carona. Ela costumava ir com amigos para a escola. Helena tentou puxar conversa com a filha, preocupada que estava com sua distância emocional. Ela percebia que algo não ia bem, mas Pâmela não deixava que ela se aproximasse. Beijando a mãe naquela manhã, ela falou ao se despedir:

— Estou bem, mãe. Não se preocupe. Está tudo bem.

Entrou no carro e seguiu calada até a porta da escola. Quando desceu, correu para a lanchonete que ficava em frente e ligou para a clínica de aborto. Tentou várias vezes. O portão da escola se fechou, e ela continuou na lanchonete, ligando, até que alguém do outro lado atendeu. Ela explicou rapidamente a situação e insistiu:

— Precisa ser agora de manhã. É muito urgente mesmo.

Por fim, desligou o celular suspirando.

— Vou resolver isso o mais depressa possível - balbuciou.

Foi até o caixa eletrônico e retirou dinheiro para a consulta. Ela tinha uma conta na poupança para seus projetos futuros. Nunca havia tocado naquele dinheiro, mas aquele momento pedia medidas extremas, e ela decidiu correr todos os riscos. Depois encontraria uma explicação para dar para a mãe, com quem compartilhava a conta no banco, para a retirada do valor da consulta, que não era muito alto. Para o procedimento em si, teria de dar outro jeito.

Eu acompanhava, acabrunhado, os passos de Pâmela. Sentia-me totalmente impotente e pedia ajuda mentalmente, para que ela conseguisse parar o que estava fazendo.

Quando me aproximei da clínica, fiquei perplexo com a psicosfera do lugar. Densa, enegrecida, exalava cheiro de sangue, dor e sofrimento. O lugar era tenebroso, pior do que todos os lugares tétricos mostrados em filmes de terror. Era literalmente arrepiante. Legiões de espíritos sofredores e doentes perambulavam pelo lugar, recolhendo almas que deixavam ali o corpo, e imediatamente me lembrei do pior lugar em que já havia estado em minhas andanças pelo mundo dos espíritos. O abismo onde havia visitado jovens escravizados depois de mortos, usuários de drogas. O fundo do poço onde havia encontrado Paula. E o ambiente espiritual da clínica de aborto onde Pâmela tencionava eliminar uma vida era exatamente do mesmo teor vibratório.

Fiquei ainda mais preocupado. Ao entrarmos, percebi logo que o lugar era igualmente perigoso no plano físico. A higiene não era levada a sério como deveria, e eu podia ver os milhões de germes, bactérias e outros micro-organismos letais espalhados por toda parte.

Assim que se apresentou, a adolescente foi levada para uma sala, nos fundos da clínica, e decidi dar uma volta pelo lugar. Pouparei meus leitores de detalhes, pois certamente as cenas que presenciei não merecem ser lidas ou imaginadas. Estavam acontecendo dois abortos naquele exato momento. Em condições pouco apropriadas. O que posso compartilhar é que fiquei triste, profundamente triste. Presenciei muitos espíritos mais elevados, que acompanhavam seus protegidos, assistir igualmente infelizes às ações executadas naquele local.

Retornei cabisbaixo e encontrei Pâmela assinando alguns documentos. Ela finalizou a conversa acertando o procedimento para dali a dois dias. Apesar de ter menos de dezoito anos, assinou tudo e se levantou decidida.

Fiquei imaginando se ela arrumaria o restante do

dinheiro, já que não estava falando mais com Renato, e o valor que vi de saldo em sua conta não era suficiente para cobrir todas as despesas.

Ela saiu da clínica, foi direto para a escola e ficou aguardando na lanchonete o final da aula. Quando os alunos começaram a sair, ela se aproximou de alguns que se podia notar que eram da pesada.

Diante de meus olhos incrédulos, Pâmela fez um acordo para ajudar na distribuição de drogas entre os amigos da classe e do bairro, em troca de um empréstimo. Saiu da conversa com o acordo fechado e a promessa do dinheiro para o dia seguinte.

Quando Helena apareceu para buscá-la, ela estava calmamente tomando um refrigerante na lanchonete. Parecia mais aliviada, mas de fato estava completamente desequilibrada, com um brilho estranho nos olhos.

Não as acompanhei. Fiquei ali, paralisado pela situação, me sentindo desconsolado. Como poderia impedir que ela fizesse aquilo? Eu precisava fazer alguma coisa.

Fui para a casa de meus pais em busca de uma atmosfera de carinho e afeto que me equilibrasse e me fortalecesse.

Era horário de almoço quando cheguei, e o ambiente da casa estava agitado. Sueli, Fábio e dona Eugênia almoçavam, e minha mãe estava tendo uma conversa meio séria com Fábio.

— Você não entendeu, Fábio. Se não melhorar

essas notas, se não se comprometer em estudar, vou tirar você dessa escola. Ela é cara!

— Eu já sei - ele interrompeu minha mãe. - Uma escola cara para alguém não estudar...

— Um desperdício de dinheiro, filho. É isso que é.

— Eu gosto de estudar lá.

— Então estude.

— Eu estudo, mãe. É que...

Fiquei observando meu irmão. Ele havia crescido. Estava agora com quatorze anos. Tinha um brinco bem pequeno na orelha e os cabelos cortados de um jeito diferente, quase careca dos lados, com um tufo em cima. Que moda era aquela! Ele se vestia como um verdadeiro roqueiro!

— Você só bagunça nas aulas, não estuda e ainda atrapalha os outros. Essa foi a quinta vez este ano que o diretor me chamou para falar de seu comportamento.

— É porque eles são um bando de chatos. Eu não fiz nada de mais.

— Você não só não estuda como incita outros a não estudarem. Isso tem de parar, Fábio. Essa é a sua última chance. Não vai haver outra.

— Você está de marcação comigo. É por causa da banda? Tenho certeza de que é isso. Só porque estou tocando batera.

Eugênia suspirou fundo, sem responder. Bateria? Como mãe de adolescente sofre! Será que ele ao menos sabia tocar? Fiquei curioso e quase me esqueci da grave e séria situação de Pâmela.

Fui até o quarto de minha mãe, onde o ambiente propiciava a oração, e me recolhi em prece. Estava desanimado, mas me negava a desistir de minha tarefa. Queria ajudar aquele ser a reencarnar. Silenciei e procurei estabelecer uma concentração mais profunda, então orei e pedi ajuda. Uma ideia apareceu. Uma derradeira tentativa de conscientizar Pâmela de que sua escolha não lhe traria boas consequências. Fiquei por ali até o final da tarde, e então segui para a casa de Renato, para conversar com dona Benedita. Precisava contar a ela tudo o que se passara.

Encontrei a bondosa senhora fielmente ao lado de meu melhor amigo.

— Já sabe dos últimos acontecimentos?

— Infelizmente, sim. Como ela está?

— Péssima. E retomou com tudo a ideia do aborto.

— Eu logo imaginei.

— E o Renato?

— Nem pensa mais na namorada. Ou melhor, se nega a pensar. Foge da consciência e a abafa completamente. Por mais que eu projete a imagem de Pâmela em sua mente e o chame à responsabilidade, ele ignora e rejeita qualquer pensamento que possa deixar sua consciência falar. Parece até que sente minha presença, os pensamentos que projeto, e os rejeita deliberadamente. Nada consegue alcançar seu coração. Está completamente entregue aos seus desejos e não quer admitir quaisquer pensamentos que lhe relembrem as responsabilidades pelos seus atos.

— Ah! Renato! Ele abandonou Pâmela.

— Ele abandonou os três. Pâmela e o bebê, e, em última instância, a si mesmo, pois abafando sua consciência, ficará entregue às consequências das transgressões das leis divinas. Não encontro nele subsídios suficientes, em suas crenças e valores, para atuar.

De imediato me lembrei de mim mesmo, de como essa mesma atitude de não escutar a voz interior que nos diz o que é certo fazer me levou a perder minha vida ainda jovem, com tanta coisa a realizar, e essas lembranças me entristeceram. Dona Benedita logo percebeu isso, pois pousou com suavidade sua mão sobre as minhas e disse:

-- Serginho, os erros são úteis apenas para nos ajudar a aprender com a experiência. Nos prendermos à culpa, ao arrependimento inútil, sem mudança de comportamento, é paralisante e não nos ajuda em nada. Olhe pra frente, para o que está tentando fazer de bom aos jovens, transmitindo a eles seus aprendizados.

Ela abriu um sorriso cativante e sem julgamentos. Sorri de volta, me sentindo aliviado. Ela estava certa.

— E agora, dona Benedita? O que vamos fazer?

— Esperar que a dor modifique suas disposições.

— Dor?

— Quando tudo o mais falha, quando a criatura não

aceita ouvir sua consciência – essa essência divina que trazemos em nós –, a dor é o recurso mais poderoso que pode nos ajudar a voltarmos nossa atenção para nós mesmos e para Deus.

— A poderosa lei da causa e efeito em ação.

— Certamente. Quando agimos contrários às leis divinas que regem o universo, em algum momento as consequências de nossas ações nos alcançarão. Quando esse momento chegar, Renato terá de lidar com tudo o que semeou.

— Igual a mim, não é?

Dona Benedita sorriu e fez uma expressão de concordância, depois disse:

— Como todos nós, querido, em muitos momentos de nossa vida. Somente aos poucos, com a experiência, vamos aprendendo o que realmente é melhor para nosso ser espiritual. E você teve Eugênia, que o sustentou espiritualmente.

— É verdade. Como ela me ajudou, e ainda ajuda! Minha mãe é um porto seguro em minha família.

— Pois então. As coisas aqui são bem diferentes, você já percebeu. Aqui só pensam em dinheiro, conquistas materiais e prazeres de todo o tipo. Desconsideram qualquer outro aspecto da vida. Cuidam, e muito bem, de todo o aspecto material e desprezam tudo o que diz respeito ao espiritual.

Dona Benedita fez longa pausa, depois finalizou:

— Meu neto terá um caminho difícil pela frente. Ele ainda não sabe, mas está semeando tempestade.

Capítulo 18

FICAMOS ALI, ao lado de Renato, orando por ele, buscando alguma oportunidade de tocar sua alma, mas não conseguimos. Assim que ele adormeceu, deixou seu corpo em repouso e foi à procura de seus “amigos” espirituais medonhos. E tão logo ele saiu, dona Benedita olhou para mim e disse:

— Vamos nos concentrar no ser reencarnante, ver se conseguimos ajudá-lo a aceitar a situação, as limitações de Pâmela e Renato, para que ele sofra menos e possa seguir com suas experiências do modo mais positivo possível. Assim, quem sabe, ainda conseguimos contribuir com alguém.

Concordei e comentei com ela minha ideia de levar Pâmela à clínica de aborto, para que ela pudesse ver, do ponto de vista espiritual, o que a aguardava. Quem sabe assim ela mudasse de ideia.

Dona Benedita pensou por um longo tempo, depois disse:

— Serginho, penso que, com o tamanho da revolta que ela sente, isso possa levar ainda mais sofrimento a ela, sem, no entanto, alterar suas intenções.

— Será? - questionei relembrando o que passara pela minha mente ao ter a ideia.

— É muito violento, muito agressivo para uma consciência dormente. E não adianta violentar as consciências. Nossos irmãos espirituais mais elevados nos ensinam, com sua paciência, perseverança e dedicação, seu amor mesmo, que cada um deve trilhar seu próprio caminho de aprendizagem. Essa decisão é de cada pessoa, e temos de respeitá-la. Estamos aqui para inspirar, auxiliar, apoiar, mas não invadir. Para entrarmos, precisamos ser convidados, ser autorizados pela pessoa. Sei que deseja ajudar, impedir que ela se complique ainda mais. No entanto, quando a pessoa não quer ver, nem mostrando a realidade ela enxerga. É preciso que ela queira enxergar.

Dona Benedita silenciou, me deixando com minhas reflexões. Ela estava certa. Que mulher sábia era aquela senhora! Seu semblante estava emanando aquela luz suave, azulada. Apesar de preocupada com Pâmela e com o neto, ela demonstrava serenidade e compreensão. Eu ainda estava muito longe do estágio dela, mas naquele momento senti vontade de um dia olhar as situações ao meu redor com a mesma serenidade. Acho que ela percebeu, pois respondeu:

— Você aprenderá. Afinal, onde existe boa vontade existem inúmeras possibilidades. E você já está além da boa vontade. Você está empenhado em auxiliar. Chegará lá.

Fiquei pensando por mais alguns minutos, depois perguntei:

— Então vamos ajudar o espírito reencarnante?

— É o melhor neste momento. E vamos seguir o quanto nos for permitido, auxiliando Pâmela e Renato naquilo que pudermos, mas sem expectativas de termos o resultado que desejamos. Vamos acolher e apoiar, que é o que nos resta fazer nesses casos. Exercitar nosso amor e compaixão. E a paciência, sem dúvida.

Seguimos para a residência de Pâmela. A casa estava em silêncio, todos dormiam. Vi claramente Helena, em espírito, ajoelhada chorando aos pés da cama de Pâmela. Ao nos ver, ela se levantou assustada.

— Quem são vocês? O que estão fazendo no quarto de minha filha? São demônios? – Observou-nos atentamente e depois insistiu: – O que querem com ela? Deixem-na em paz!

A garota se remexia na cama, em sono agitado. Acordava a todo instante, depois voltava a dormir.

— Meu Deus! Falhei como mãe. Como pude deixar que ela fizesse isso com a própria vida? Meu Deus!

Tentamos acalmar Helena e conversar com ela,

mas em suas crenças de que éramos demônios, ela não permitia que nos aproximássemos. Claro que ela poderia ter nos visto como anjos, mas acho que seria pretensão demais. Ainda estávamos longe da aura luminosa dos seres elevados. Pelo menos eu. Fiquei então pensando na minha aparência espiritual. Como era pobre! Realmente tinha ainda muito que aprender para conseguir ser útil.

— Oremos pelo ser que tenta voltar ao mundo. Concentremos nossa atenção nele e em suas necessidades espirituais.

— Tem informações sobre ele, dona Benedita?

— Algumas. Ele, Pâmela e Renato já foram ligados em outras encarnações. Eram amigos, verdadeiros comparsas em fazer malandragens e trapaças. Desenvolveram ardilosos esquemas para enganar as pessoas, tirando delas dinheiro, confiança e a fé. Fizeram muitos inimigos. E assim foram por algumas encarnações em diferentes países. Até que vieram ao Brasil à época da escravidão. Vamos acessar as memórias de nosso irmão nesta última encarnação.

Concentrando-se no ponto certo no corpo espiritual do bebê, dona Benedita acessou as memórias e as projetou numa tela pequena, para que eu pudesse ver. Helena, alheia e deprimida, voltara para junto de seu corpo. As imagens eram nítidas.

— Sai daí, moleque!

Um menino negro corria pelas plantações de uma

fazenda de cana-de-açúcar. Considerando o vento quente, devíamos estar perto da praia. Olhei para dona Benedita e indaguei sem palavras, ao que ela respondeu:

— Estão em uma região próxima a Pernambuco, no ano de 1673.

Uma menina escrava, um pouco mais velha, de uns doze anos, correu na direção do menor, seguida por um ainda mais velho. E dona Benedita esclareceu:

— O mais velho tem neste momento quatorze anos. É Renato. Ela é Pâmela, e o menor é o nosso irmão que tenta reencarnar. São os três filhos de escravos, em lições ásperas de servir e ajudar aqueles a quem prejudicaram com suas falcatruas em outras encarnações. Seus débitos são muitos. Essa era a oportunidade de recolherem, na dor, a possibilidade de mudanças, para que pudessem seguir com o progresso espiritual. O menor se chama Karuam, a menina é Nubeni, e o mais velho é Pedro.

Quando a menina alcançou Karuam, agarrou seus braços e gritou:

— Vem cá, negrinho safado! Vai tomar surra de novo do sinhozinho. Ele já falou pra parar com essas correia no meio da cana.

O pequeno esperneava feito gato. Arranhou a menina e se soltou, correndo de volta para a senzala. Agachou-se e chorava assustado. Tinha medo do sinhô, muito medo.

— Você é burro, garoto. Não pode tomar outra surra. Sabe que quase morreu naquela vez.

— Não gosto de morar aqui. Não gosto de ser escravo. Odeio essa gente branca.

— Também não gosto, não.

Pedro entrou esbaforido e deu um tapa da cabeça do menor.

— Você não pode mais fazer isso, Karuam. A sua mãe já falou pra você se comportar.

— Não gosto daqui. Não gosto desse lugar.

Os três se sentaram muito tristes. Detestavam a dolorosa experiência e queriam fugir dela a qualquer custo. Nos anos seguintes, entabularam planos para fugir dali. Conforme foram crescendo, os planos ficavam mais elaborados. Até que o aniversário de dezoito anos de Karuam seria o dia definido para que fugissem.

No decorrer do crescimento dos três, sofreram agressões e até mutilações físicas, impostas pelo sinhô, que detestava aqueles três, mas que, acima de tudo, não desejava vê-los mortos, mas sim sofrendo. A vítima de outrora se fizera algoz do presente. E os três planejavam sua morte.

Ao final da festa de aniversário, na qual participaram vários jovens escravos e os pais, depois de longo tempo ao redor da fogueira escutando os mais velhos falarem de suas origens e crenças ancestrais, foram todos se retirando.

Karuam, Nubeni e Pedro seguiram sorrateiros

até a casa grande. Naquela altura, tinham angariado muitos simpatizantes ao seu plano de fuga. Iriam todos para o quilombo em busca de proteção e ajuda.

Com determinação, colocaram seu plano em ação, e rápida e silenciosamente entraram no quarto do "sinhozinho", que se distraía com outra escrava, comparsa do grupo. Executaram o homem sem piedade. Estavam satisfeitos com a vingança e fugiram, mais de trinta, pela plantação de cana.

Depois de várias noites de fuga pelo mato, muitos já haviam se ferido, e alguns, até morrido. Insetos, cobras, havia de tudo. Ao cruzarem o rio São Francisco em direção ao quilombo, Karuam diminuiu a velocidade, sentindo intensa dor em uma das pernas, e seguiu mancando. Depois de várias horas, o ferimento em sua perna estava totalmente infeccionado. Ele nem sabia ao certo como se ferira, mas o fato é que era um ferimento sério, que logo foi enfraquecendo seu corpo. Mas ele confiava completamente em Nubeni e Pedro. Haviam planejado aquilo por anos, os três sempre juntos. No entanto, à medida que se aproximavam do quilombo, a ansiedade tomava a todos os que ainda estavam vivos.

A determinada altura, Karuam pediu ajuda a Nubeni:

— Estou com muita dor aqui na perna. - E mostrou a ela a ferida por baixo das calças rasgadas.

Nubeni avaliou o ferimento e logo concluiu que

ela não ficaria para trás para ajudá-lo. E se ele não conseguisse? E se ela se afastasse do grupo por causa dele e ele morresse? Ela não queria morrer junto.

— Vou procurar ajuda de Pedro. Espere aqui.

Afastou-se do amigo de infância sorrindo, e quando ele já não podia vê-la, correu ao encontro de Pedro.

— Karuam não vai conseguir. Ele está muito ferido.

— Ele consegue, sim. - Pedro ameaçou correr em socorro do amigo.

Nebeni segurou firme em seu braço e disse:

— Não vou ficar pra trás por causa daquele fracote!

— Nós somos amigos, Nubeni. Não está certo deixar ele pra trás.

— Ele vai morrer, Pedro. Não vai conseguir.

— Como sabe?

— Ajudei minha mãe a cuidar de muito ferido, depois das surras ou de se machucar na lavoura. Sei o que estou dizendo. Karuam não vai viver. O machucado dele é muito feio.

Nubeni não tinha certeza, mas ela não queria que nada atrapalhasse seus planos. Nem mesmo um amigo.

— Vamos embora.

— Nem vamos falar com ele?

— Não. Vamos embora, Pedro. Olha lá. O resto já foi. Só a gente ficou pra trás. Não quero morrer também no meio da floresta.

Ela sorriu, insinuou-se para Pedro e beijou-lhe a

boca com sensualidade. Faria tudo para convencê-lo a ir embora com ela, deixando Karuam.

Pedro adorou aquele beijo e agarrou Nebeni cheio de desejo.

— Depois, Pedro. Quando estivermos mais perto do quilombo. Vamos, temos que correr. O dia logo vai nascer e não vamos aguentar mais uma noite na floresta. Temos que ir agora!

Pedro, ainda ligeiramente hesitante, seguiu. Nubeni ia à frente agarrando sua mão. Ele ainda olhou para trás umas duas vezes, com leve remorso, mas lembrava-se do beijo ardente da garota e a desejava mais e mais. O melhor era deixar o menor para traz, assim Pedro ficaria com Nubeni inteira para ele.

Afastaram-se depressa, deixando Karuam para morrer sozinho.

Capítulo 19

EU OBSERVAVA AS CENAS que se sucediam e ia aos poucos compreendendo as dificuldades que cada uma daquelas almas ainda enfrentava. Aquela experiência na Terra era de grande importância para elas. Tinham muito a fazer para crescerem e repararem os erros que haviam cometido no passado. Continuei assistindo interessado.

Karuam passou mais de três dias em sofrimento intenso. Físico e emocional. Doía-lhe o coração saber que os amigos em quem havia confiado, amigos com quem havia crescido, o haviam abandonado daquele modo. Sentia raiva, mágoa, ódio, sentimentos que iam lhe corroendo e endurecendo seu coração. Queria se vingar deles. Esse era seu maior desejo, seu foco de atenção. Quase não sentia as dores físicas que lhe dilaceravam o corpo, que ia sendo tomado pela infeção e se decompondo vagarosamente. Sem comida e água, seu corpo ia enfraquecendo. Mas, na verdade, o que havia se enfraquecido de fato era sua vontade de viver, de lutar, frente ao desgosto que ele permitiu que tomasse sua alma. Esse sentimento se espalhava pelo corpo, e ele ia culpando aqueles que considerava como irmãos por desistir da vida. E foi morrendo lentamente, entregue ao ódio.

Depois de deixar seu corpo físico, seu corpo espiritual se desprendeu, e como se deixasse uma roupa velha no lixo, sem nenhuma atenção ou sentimento, foi direto à procura dos traidores. Não havia se dado conta de que deixara o plano físico.

Corria como louco pela floresta, até que se deparou com portões altos. Era o Quilombo dos Palmares. Parou e respirou profundamente, já sentindo o gosto da vingança que tanto procurava. Começou a gritar, a bradar para que abrissem o portão, mas não obteve resposta, então resolveu escalar o muro alto de madeira. Foi subindo e estranhou a facilidade com que conseguia fazer aquilo. Nunca fora muito forte, nem corajoso. Nem árvores conseguia escalar direito, precisava sempre da ajuda de Pedro para subir e depois para descer. Mas rapidamente chegou ao topo.

De cima do muro, observou o movimentado lugar. Seus irmãos africanos andavam para todos os lados. Mulheres carregavam bebês amarrados ao corpo e faziam o trabalho doméstico. O lugar era simples, com casas pequenas amontoadas umas sobre as outras. Mas pelo menos não era a senzala.

Buscou ansioso por Nubeni, mas não a encontrava.

Um vigia caminhava sobre o muro e se aproximou dele, que foi logo se apresentando.

— Oi, sou Karuam, estou fugido e preciso de abrigo. Fiquei pra trás e quase morri. Agora quero ver aqueles desgraçados que me abandonaram para morrer. Nibeni e Pedro estão aqui?

O vigia ajeitava a lança que trazia em punho e não percebia nada da presença do recém-chegado. O jovem estranhou aquilo. O outro parecia não vê-lo.

— Tudo bem, você quer me ignorar. Não me importo.

Virou-se, foi descendo o muro pelo lado de dentro e rapidamente atingiu o chão. Passou por várias pessoas, que foi cumprimentando, mas ninguém respondia. E ele seguia falando sozinho. Ia andando e percebendo que o lugar se estendia ao fundo e era muito grande. Até que escutou uma gargalhada meio assustadora. Procurou ao redor e viu um homem vestindo roupas esfarrapadas, com cabelos enormes que não viam uma tesoura há muito tempo, deitado sob uma das janelas gargalhando.

— Ei, rapaz. Está procurando alguém?

Karuam correu e disse esbaforido:

— Até que enfim!

O outro continuava gargalhando.

— Do que está rindo?

— De você.

— Estou procurando uns negros que devem ter chegado faz pouco tempo.

O outro gargalhava sem parar. Karuam franziu o cenho e preparou o punho, mas o outro falou:

— Não está conseguindo falar com os outros, né?

— É. Não sei por que estão me ignorando.

— Você está morto, rapaz! Não percebeu não, é?

— Morto o quê! Estou vivinho.

— Está morto, estou dizendo. Os outros não podem te ver.

Um bando veio na direção deles, fazendo algazarra, gargalhando e bebendo.

— Tem negro novo aqui, é? Ele é dos nossos? - perguntou um deles.

O que estava conversando com Karuam, que parecia ser o chefe, respondeu:

— Acabou de chegar. Nem sabe que morreu. Vai ser dos nossos. Está procurando o povo que deixou ele pra morrer na floresta.

— Ah, então vai ser dos nossos mesmo.

— Leva ele pra procurar. Quem mesmo você está procurando?

— Uma negra safada chamada Nubeni, e o outro é o Pedro.

— Conheço os dois. Estão alojados lá no fundão, está vendo?

— Vou já pegar eles, acabar com a vida daqueles traidores.

— Espera aí. Você não vai conseguir matar eles assim, com as mãos e pronto.

— E por que não?

— Porque está morto. Não consegue. Mas vou te ensinar um jeito de matar eles aos poucos.

— Não estou morto nada.

— Eles não podem te ouvir. Estão vivos.

— Quero ir lá agora.

O bando seguiu, levando Karuam até a casa em que os dois amigos estavam vivendo juntos, onde entraram com facilidade. A casa estava com portas e janelas escancaradas. Nubeni cozinhava no fogão a lenha improvisado, e Pedro bebia sentado no chão do cômodo. Karuam entrou correndo e tentou agarrar o pescoço de Pedro, sem conseguir atingi-lo. Depois, parecendo um louco, correu para Nubeni e começou a desferir-lhe golpes, tentando esbofeteá-la.

Um dos que haviam trazido Karuam até a casa tentou falar com ele, mas outro o impediu.

— Deixa ele botar o ódio pra fora. Assim vai começar a matar os dois agora mesmo, devagarinho.

Nubeni não sentia nem de longe a presença do amigo que deixara para trás. Nada. Já Pedro, que guardava remorso e julgava ter errado ao deixá-lo morrer, foi impactado pela presença do antigo amigo, sentindo estranho desconforto no peito, e se pôs a remexer na cadeira.

— Ei, para agora, seu burro. Para. - O mais esperto do grupo pegou Karuam pelo braço e deu-lhe um tapa, tentando chamar sua atenção.

— Para agora. O outro ali, sentado, está te sentindo.

Karuam parou e perguntou meio atordoado:

— O quê?

— Olha, olha. Presta atenção.

Karuam parou e olhou para Pedro. Não viu nada.

— Ele não está me vendo.

— Mas está sentindo.

— Como assim?

— Você está morto, não entendeu ainda? Ninguém que está vivo pode te ver. Só nós, que também estamos mortos. Eles estão vivos. Mas você, com treino, pode atingir eles. Você pode. Vamos te ensinar.

Karuam finalmente compreendeu o que não queria ver. Lembrou-se dos vários dias na floresta e de quando sentiu uma forte dor no peito. Depois se sentiu livre e correu atrás dos bandidos que estavam ali agora, juntos.

Enquanto isso, Nubeni serviu a comida para Pedro, que a puxou e lhe deu um beijo longo e ardente.

Karuam entendeu que Pedro e ela estavam juntos. Foi para um canto na casa e começou a chorar de ódio, de mágoa e tristeza. Ele ainda era tão novo, e por causa daqueles dois estava agora ali, desprezado e morto.

— Te ensinaremos a se vingar deles. Você verá eles mortos, eu juro.

— Você já fez isso antes? - perguntou o rapaz sem levantar a cabeça.

— Já, mais de uma vez. Estou falando, nós gostamos de fazer isso. Vamos te ajudar.

Karuam passou algum tempo acabrunhado, depois ergueu a cabeça, se levantou e disse:

— Está bem. Quero que vocês me ensinem. Não vou deixar esses dois em paz até me vingar.

E então as imagens foram se desfazendo, e Dona Benedita olhou para mim e disse:

— Esse é o começo de toda essa situação. Karuam conseguiu sua vingança e passou a perambular com o grupo de arruaceiros que você viu por aqui, levando Pedro e Nubeni como escravos por algum tempo. Depois os três foram levados compulsoriamente à nova encarnação, separados, bem distantes uns dos outros, para que pudessem se preparar para lidar com essa situação. Nesta vida, se reencontraram mais uma vez. Nubeni foi por quem Karuam nutriu mais ódio, pois foi quem instigou Pedro a agir sem respeito pelo amigo. Mesmo com toda a ajuda que foi capaz de receber enquanto permaneceu no plano espiritual, não aceitou receber Karuam como filho, e essa decisão foi tomada compulsoriamente pelos servidores espirituais do campo das programações reencarnatórias. Isso aconteceria mais adiante, quando estivesse mais preparada. Renato e ela não deveriam se casar. Depois da atração natural que os aproximaria, ele deveria seguir em frente. Conheceria Karuam no futuro, estava tudo arquitetado, e teria a oportunidade de se redimir com ele também.

— E o que deu errado?

— Não é que deu errado, afinal, nosso maior objetivo a cada encarnação é progredir, crescer, superar nossas limitações. Todas as situações que vivemos em nossa vida têm essa finalidade. Então, diante das escolhas e possíveis desdobramentos que Renato e Pâmela estão fazendo na encarnação deles, houve uma adaptação, uma mudança de planos para que os dois, que vinham agora na adolescência tomando alguns caminhos perigosos, pudessem refletir, aprender com a situação, ao mesmo tempo em que se redimiam com Karuam. Pâmela seria a mãe dele, de qualquer modo, mas Renato não seria o pai. Adaptações foram feitas, e Karuam foi compelido a aceitar, embora também ainda deteste Pedro, reencarnado como Renato. Entende que, para o bem maior do grupo, foi autorizado pelos nossos irmãos que arquitetam as encarnações um ajuste nos planos?

Fiquei pensativo. Como eram complexos os processos que se desenvolvem longe dos olhos que o corpo pode ver.

— Então o ser que reencarna não é tão inocente assim.

Dona Benedita sorriu e explicou.

— Ninguém é inocente. O espírito que ocupa o corpo da criança é muitas vezes mais experiente que os pais. Mas o bebê, a criança, é um ser desprotegido temporariamente, sem condição de tomar as próprias decisões, à mercê das decisões alheias para que possa realizar sua encarnação. Nesse sentido, ao retornarmos ao corpo físico pela reencarnação, estamos temporariamente inocentes, como mecanismo de proteção para podermos, então, progredir.

Capítulo 20

— O QUE FAREMOS AGORA, dona Benedita?

— Avaliando a gravidade das circunstâncias, vamos utilizar sua sugestão de visita à clínica como um último recurso.

Eu olhava dona Benedita com plena atenção. Queria mais do que antes ajudar aqueles três, afinal, todos estavam sofrendo pelas escolhas que haviam feito no passado. Refleti como era importante aceitar a vida, a realidade como ela é, sem fugas ou fantasias, e como é difícil ainda para todos nós fazer isso. Aquele "problema" poderia trazer sofrimentos, mas traria com ele grandes lições e possibilidades benditas de transformação.

Dona Benedita prosseguiu:

— O aborto está marcado para amanhã, não é?

— Isso mesmo.

— Então levaremos Pâmela hoje à noite até a clínica de aborto, para que veja a realidade espiritual daquele lugar. Ela tem uma base religiosa, quem sabe conseguiremos fazer com que compreenda os riscos que está correndo. Vamos descansar um pouco e refazer nossas energias.

Depois disso, nos despedimos. Ainda era bem cedo, e fui para a casa de minha família muito pensativo. Havia tantas coisas que eu desconhecia! Como era enorme a estrada do progresso!

Ao chegar, a casa estava tranquila. Caminhei bem suavemente e fui até o quarto de Fábio, e o local estava com energias muito confusas. Observei o corpo denso de meu irmão dormindo e seu corpo espiritual sentado à beira da cama, observando os pôsteres colados nas paredes. Ele parecia triste.

— E aí, Fábio? – Tentei chamar sua atenção, para ver se conseguia me perceber.

— Serginho?

— Isso mesmo.

— Mas você está morto, cara! Eu também estou?

— Não, meu brother. Olhe ali seu corpo denso.

Ele olhou para seu próprio corpo e depois me encarou meio assustado.

— Não entendo nada! Fico meio confuso. Acho que sonho muito, e quando acordo, me sinto cansado.

— Sente-se confuso também quando está acordado?

— É, à vezes.

— Só às vezes?

— Tá, quase sempre.

— E quando começou?

— Sei lá. - Ficou meio pensativo. Depois me olhou com lágrimas nos olhos e disse: - Acho que foi quando você morreu.

Abracei meu irmão com profunda ternura.

— Queria tanto que você estivesse aqui. Sei que iria me compreender, me ajudar, me falar das coisas. A mãe não me compreende, o pai está sempre trabalhando. E mesmo que não estivesse, ele também não me compreende - lamentou-se meu irmão.

— Estou aqui, Fábio. Sempre estarei por perto quando precisar de mim. Podemos conversar sempre que for possível. Sou o mesmo Serginho que você conheceu. Quer dizer, as coisas vão mudando devagar, mas ainda sou seu irmão! Pode falar tudo o que precisar, estou aqui para escutar.

— Não sei direito, nem sei por onde começar.

— Que tal me falar da sua bateria? Irada!

Fábio abriu largo sorriso e começou a falar da bateria, da música, e finalmente de como se sentia em relação a muitas coisas. Foi uma conversa longa, já que ele estudava no período da tarde. Ao final, ele me abraçou mais animado.

— Valeu! Vem sempre que puder pra gente conversar.

— Claro, sempre que eu conseguir, darei uma fugidinha para te ver, pode ficar tranquilo.

Mais calmo, ele voltou ao seu corpo denso e relaxou por algum tempo. Sorri enquanto olhava o quarto de meu irmão. Nem ele mesmo sabia por que tinha deixado seu quarto daquele jeito. Ele procurava respostas, muitas respostas, mas ainda não tinha se dado conta disso. Ele estava bem. Melhor até do que eu havia pensado inicialmente. Precisa, mais do que tudo, compreender a si mesmo e aceitar as transformações que aconteciam em seu corpo e em suas emoções.

Então eu saí dali e fui até o quarto de Sueli. Seu corpo denso dormia profundamente, mas não encontrei seu corpo espiritual no quarto. Ela estava fora. Fiquei assustado. Isso nunca havia acontecido antes. Onde estaria minha irmã? Verifiquei o fio que ligava o corpo denso ao corpo sutil, que saía do quarto. Queria seguir aquele fio, ir ao encontro dela, saber onde estava, como estava. Mas não tive tempo de fazer nada. Fernando, o protetor espiritual de Sueli, apareceu no quarto um tanto afobado.

— Venha, Serginho. Venha comigo.

Ainda mais aflito, eu o segui sem perguntar nada. Até que chegamos a um prédio de apartamentos no bairro de Perdizes. Um belo prédio. Paramos diante dele, e perguntei a Fernando:

— Sueli está aí?

— Está.

— Tenho até medo de perguntar o que ela está fazendo.

— Olhe, não haveria problema algum no fato de ela estar aqui. Quando dormimos, podemos ir para muitos lugares. A questão é que Sueli tem vindo sistematicamente para cá.

— É a casa do namorado?

— Exato.

— Ele é uma boa pessoa?

— Ele não é má pessoa, mas está bem perdido nesse momento.

— Perdido como?

— Acima de tudo, distante de si mesmo. Totalmente desconectado de seu interior. Está sendo um joguete dos interesses dos outros. Não tem controle sobre sua própria vida, suas vontades, seus desejos.

— Bem típico dessa idade, não é?

— Sim, mas Sueli tem mais contato consigo mesma, graças a sua natureza, à mediunidade, ao lar. Enfim, ela tem mais estrutura. O rapaz não é má pessoa, a família está tentando acertar, mas estão todos fortemente envoltos pelo torpor da matéria. Você sabe como é isso.

— Se sei! E o que está acontecendo lá em cima?

— Pois é. Cheio de curiosidade, o rapaz acabou levando maconha para casa. Cedeu aos inúmeros convites que recebeu. Fumou antes de dormir, e muito. Não teve limite. Acho que gostou, e agora seu quarto está repleto de vampiros espirituais satisfazendo-se das sensações que o rapaz experimentou.

— Meu Deus! E Sueli está lá dentro!

— Ela está com ele. Preciso de sua ajuda. Ela não

quer me escutar, me disse que está bem, que não vai acontecer nada.

— Pois deixe comigo. Afinal, sou o irmão mais velho.

Subimos. Entrei no quarto do rapaz e me deparei com pelo menos doze outros jovens desencarnados no ambiente. Sueli e Rafael estavam sentados na cama, trocando beijos apaixonados.

— Oi, Sueli.

Ela se assustou ao me ver.

— Serginho! O que faz aqui?

— Fui te procurar e não encontrei, então vim atrás de você.

— Não pode fazer isso!

Rafael estava muito mais entorpecido do que ela, e apenas balbuciou:

— Oi, cara. Entra aí que a festa está apenas começando.

Olhei com seriedade para Sueli, e ela, bem mais lúcida, compreendeu logo o que eu estava dizendo sem palavras.

— Você não pode vir assim atrás de mim.

— Claro que posso!

— Eu tenho meu poder de escolha e posso cuidar de mim.

— Está ciente das condições deste ambiente?

— Estou.

— Está ciente do que este ambiente pode lhe causar?

— Não é sempre assim.

— Eu acredito, mas hoje está assim. Por que não foi embora quando percebeu a situação? Sabe que não é um ambiente que vai te favorecer. Você tem plena consciência disso.

— É que eu estava com saudades dele. Os espíritos não podem interferir em nossa vida.

— Eu não sou só um espírito. Sou seu irmão mais velho. E agora não tem mais conversa, vamos embora.

— Ele é seu irmão mais velho? Mas ele não estava morto? Que barato!

— Vamos, Sueli.

— Não quero.

— Sueli, já fiz alguma coisa que não fosse para o seu bem?

— Quando estava vivo, fez..

— Sueli, você precisa vir comigo. Outro dia você volta, quando o ambiente estiver melhor. Vamos!

— Não quero.

— Não me obrigue a usar recursos que você não conhece. É melhor vir comigo de boa vontade. Outra noite você volta.

Sabendo que eu poderia adormecê-la para levá-la de volta, ela levantou contrariada, despediu-se do rapaz e me seguiu emburrada. Voltou sem falar uma palavra. Seu protetor juntou-se a nós, e seguimos para o quarto dela, onde, ao chegarmos, eu disse:

— Não adianta ficar emburradinha. Você sabe que fez besteira. Sueli, você conhece bem o que tudo aquilo significa. Sabe que o ambiente não estava adequado para você.

— Mas eu gosto do Rafael.

— Ninguém está dizendo para não gostar, mas precisa saber tomar boas decisões, não pode ficar cega por causa da paixão que está sentindo por ele. Não a ponto de se prejudicar. Aliás, essa paixão pode ter várias origens.

— Não quero saber das teorias da paixão. Sei o que estou sentindo.

Sentei-me ao lado dela na cama.

— Tudo bem, Sueli. Sei o que está sentindo. É arrebatador e até parece incontrolável. Às vezes fica incontrolável, e você se entrega e se deixa levar pelo sentimento, sem pensar, sem refletir. E olhe o que pode acabar acontecendo.

Apontei para mim mesmo, meu corpo espiritual.

— Foi diferente.

— No quê?

— Foi um acidente.

— E por que aconteceu?

— Porque tinha de acontecer.

— Não, Sueli. Não tinha. O acidente foi consequência das minhas decisões.

— Mas Deus deixou que acontecesse.

— Deus respeita nossas decisões. Muitas vezes não as aprova, mas nós não nos interessamos em perguntar a Ele o que é melhor para nós. Vamos tomando as decisões e pronto. Depois, quando as coisas não saem exatamente como desejávamos, ficamos com raiva. Eu sei bem como é.

Ela me olhava, e sua frustração parecia ir cedendo aos poucos.

— Minha irmã querida, sei que está sentindo algo novo e que estar na companhia dele é muito agradável, mas você sabe que precisa cuidar de você mesma, tomar boas decisões. Isso não significa que tem que se afastar dele, mas que deve ser cautelosa, amando a si mesma e respeitando suas reais necessidades. Sei que é difícil, mas exercite seus conhecimentos, exercite sua razão. Ela é importante nessa fase de sua vida. E você não terá a desculpa de que não a conhece, como eu tinha.

Fiz uma pausa, depois a abracei e disse:

— Amo você demais, Sueli. Aceite meus conselhos. Quero apenas o seu bem.

Ela me abraçou de volta, suspirou fundo e respondeu:

— Também te amo, Serginho. É que às vezes o que sinto é mesmo incontrolável. Parece que me domina por completo.

— A paixão é uma coisa forte, mas não é necessariamente amor.

— Como assim?

— Temos muito que conversar sobre esse assunto, mas agora é melhor que você descanse.

Ela se acomodou em seu corpo e não demorou

muito a despertar seu corpo físico. Espreguiçou-se longamente, depois me viu e falou:

— Então não foi sonho? Era você mesmo!

— Juízo, menina. Você pode viver tudo o que tem a ver com a sua idade, tudo, com equilíbrio e bom senso. Use o que já conhece.

Mais tranquilo, despedi-me dela e depois de Fernando, que me falou baixinho:

— Ela está tão rebelde!

— E a história se repete. Paciência. Ela vai atravessar essa fase com sucesso, você vai ver.

Capítulo 21

O DIA SEGUIU RAPIDAMENTE. Eu sempre ficava impressionado com como o tempo passa tão rápido na Crosta. Também, pudera, todos andam tão ocupados com tantas atividades, tantos compromissos, que eu sabia ser, em grande parte, distrações em um mundo que tem interesses outros que não o desenvolvimento humano. Ficava até atordoado acompanhando o vaivém frenético desta cidade que nunca dorme.

Combinei com dona Benedita que iríamos nos encontrar para tentar levar Pâmela à clínica de aborto logo que ela adormecesse. E com forte desejo de ajudá-la, impedindo que prejudicasse sua encarnação, agravando ainda mais seus compromissos com a Lei Divina, combinei com a avó de Renato que ficaria com Pâmela o dia todo.

Encontrei-a indo para o colégio naquela manhã. Seu semblante estava sério, e ela tinha olheiras intensas sob os olhos. Eu podia ver o quanto ela estava triste. Densas energias haviam se formado em torno de seu corpo espiritual. Ela estava agora imersa em uma aura acinzentada, repleta de formas-pensamentos densas que a estavam prejudicando intensamente, e não podia imaginar o quanto. O ciúme intenso que sentia havia se transformado em raiva e agora já se cristalizava como ódio. Ela estava completamente revoltada com tudo e com todos, odiando Renato e o ser que crescia dentro dela.

Fiquei triste observando a jovem tão fragilizada. Nos primeiros contatos que tive com Pâmela, notei muitas energias negativas acumuladas em torno dela, mas nem de longe eram aquela tempestade de negatividade que agora a mobilizavam. Ela estava completamente envolta naquelas energias que a consumiam. Eu desejava ardentemente ajudar, mas estava cada vez mais impotente. Eu não podia fazer nada se ela continuasse tão fechada naqueles sentimentos.

Depois da aula, ela foi se encontrar novamente com o grupo de traficantes que atuava dentro da escola, para fazer o acerto das vendas que obtivera. Ela havia conseguido juntar o necessário para a realização do procedimento, e depois do encontro devastador, que intensificou ainda mais seu estado energético, ela foi para casa.

Como fazê-la compreender o que estava fazendo com ela própria?

Fui até Helena, que estava sentada em seu quarto lendo a Bíblia, me aproximei dela e lhe sussurrei aos ouvidos.

— Pâmela precisa de sua ajuda. E você precisa ajudá-la sem críticas, sem preconceitos e sem julgamentos. Ela precisa muito de você, Helena.

Pareceu-me que ela havia registrado algo do que lhe disse. E ela se ajeitou na cadeira, olhou para fora da janela e depois voltou à leitura.

Eu estava ficando cada vez mais agitado. A perspectiva do fracasso em minha missão me apavorava e me deixava ansioso. Aproximei-me mais de Helena e gritei, gritei mesmo, com todas as minhas forças:

— Pâmela precisa de você, agora!

Tamanha foi a intensidade de minha vibração, que consegui tocar seu coração. Ela simplesmente deixou o livro na cama e foi para o quarto da filha. Bateu na porta e entrou sem esperar resposta.

— Puxa, mãe. Isso é jeito de entrar? – reclamou a jovem contrariada, que queria apenas ficar sozinha alimentando seus pensamentos e sentimentos tão destrutivos.

Helena olhou Pâmela de alto a baixo com atenção e sentiu que algo de muito errado estava acontecendo ali. Ela não conseguia precisar o que era, não tinha elementos para raciocinar, mas sentia em todo o seu ser. Então se aproximou da filha com enorme carinho e disse:

— Sinto que está cansada, filha. O que posso fazer para te ajudar?

— Estou cansada mesmo. Estudando demais. Está muito puxado, mãe.

— Mas não é só isso, não é, filha? O que está acontecendo? Você pode confiar em mim. - Helena tocou o ombro da filha com carinho e insistiu: - Estou aqui para te ajudar, seja no que for.

Pâmela olhou triste para a mãe, e necessitada que estava de apoio, carinho e acolhimento, quase se entregou. Mas então lhe veio à mente a lembrança dos inúmeros julgamentos que a mãe proferia sobre todas as moças que frequentavam a igreja quando tinham quaisquer problemas. Especialmente o julgamento intransigente em relação àquelas que haviam se casado já estando grávidas. E não parava por aí. Sempre que acontecia algum problema mais sério com alguma colega de escola ou filhas de amigos que não tinham a mesma religião, ela sempre dizia que aquilo tudo era um castigo, que Deus não aceitava o erro e punia seus filhos para que eles pudessem aprender.

Pâmela reagiu imediatamente a essas lembranças, fechando-se por completo. Ela não queria ser julgada daquela forma pela mãe. Então foi tomada por muita ansiedade e, agradecendo com educação, disse:

— Não se preocupe, mãe. Não tem nada de errado comigo. Estou bem, de verdade. É só que está muito difícil mesmo. Você vê que não saio deste quarto, estudando direto. Estou muito cansada, mas é só.

— Então vamos fazer uma oração juntas, para que Deus a ajude, minha filha.

O tom amoroso de Helena, que eu podia perceber, não era sentido por Pâmela, que via mais julgamento na atitude da mãe. Contudo, desejando se livrar daquela situação incômoda, a jovem concordou.

— Claro, vamos orar, sim.

Helena sentou-se ao lado da filha na cama e, segurando-lhe as mãos, proferiu sentida oração. Seus melhores sentimentos emergiram naquela prece e envolveram Pâmela, que por alguns segundos sentiu um ligeiro alívio.

Assim que terminou a prece, a mãe tinha os olhos marejados. Abraçou a filha com ternura e disse:

— Que Deus te abençoe, minha filha.

— Obrigada, mãe. Não se preocupe, está tudo bem.

Helena saiu do quarto e eu fiquei ali a observar a triste situação que se agravava rapidamente.

***

Naquela noite, Pâmela estava muito agitada. Jantou pouco e se recolheu a pretexto de estudar. Espalhou livros e cadernos sobre a mesinha do quarto e fingiu que estudava, para que a mãe, caso ali entrasse, não desconfiasse de nada. Depois que a mãe passou pelo quarto dando-lhe boa noite, ela esperou que os pais se recolhessem, conferiu se não havia mais ninguém andando pela casa e foi para o banheiro em seu quarto contar o dinheiro outra vez, para ter certeza de que tinha todo o necessário.

Eu tentava de todas as maneiras enviar a ela sentimentos e pensamentos para chamar-lhe a atenção sobre sua situação, para ajudá-la a parar aquele processo interior desenfreado de desequilíbrio, mas meus esforços eram completamente inúteis. Ela simplesmente não registrava nada do que eu lhe enviava. Estava agarrada àquelas emoções e pensamentos de ódio, como se, matando o ser que trazia dentro de si, estivesse se vingando de Renato e de toda aquela situação.

O ser que reencarnava sentia a gravidade da situação, pois se agitava intensamente, e Pâmela começou a vomitar sem parar. Eu tentava ajudá-la com passes tranquilizantes, mas ela se agitava mais e mais, e vomitava sem colocar nada para fora.

Orei e pedi socorro a dona Benedita, que logo apareceu. Eu estava agachado ao lado de Pâmela, aplicando-lhe passes enquanto ela se desfazia em seguidos enjoos. Olhei para dona Benedita e falei angustiado:

— Ela está mal, muito mal. Seu estado espiritual e energético piorou demais ao longo do dia. Não consigo fazer mais anda.

Dona Benedita observou a jovem por longo tempo, depois falou resignada:

— Acho melhor a ajudarmos a descansar, Serginho. Melhor não levá-la à clínica.

— Por quê? - perguntei contrariado.

— Ela está sem condições, filho.

— Mas temos que levá-la, dona Benedita. Temos que tentar de tudo.

— Estamos fazendo tudo o que podemos, Serginho, mas a decisão é dela.

— Ela não sabe o que está fazendo.

— Sabe, filho. Ela sabe, sim. Pâmela foi educada com o Evangelho. Ela conhece os ensinamentos de Jesus e não está querendo escutar a consciência. Ela sabe que está fazendo tudo o que fere o que Jesus ensinou. Além disso, o espírito dela sabe que o bebê que gera é um desafeto do passado e está relutante. Ela sabe bem o que está fazendo.

— É tão jovem! Será?

Dona Benedita me olhou com seriedade, e eu disse:

— Eu sei, eu sei, o Espírito dela não é jovem. É que é difícil separar, mesmo para mim, que estou desencarnado.

— É difícil mesmo, mas ela precisa aprender, crescer principalmente espiritualmente, e para isso terá que enfrentar as consequências de suas ações. Nós não vamos desampará-la. Continuaremos ao lado dela, e também o ser que tenta a reencarnação será socorrido. Mas não podemos forçá-la, Serginho. Somente por decisão própria os seres evoluem.

Fiquei olhando para a sábia senhora e me sentindo convulsionar por dentro. Sabia que ela estava certa, minha mente sabia, mas eu não aceitava. Perturbei-me mais e mais.

— Fique calmo, meu filho. Não poderá ajuda-la se não aceitar a decisão dela.

— Pois não consigo aceitar!

Pâmela deitou-se, assustada com o mal-estar que estava sentindo. Tomou um pouco de água e murmurou baixinho.

— Melhor tentar dormir. Amanhã me livrarei de vez deste estorvo.

Ela se acomodou na cama, mas não conseguia pegar no sono, então Eu e dona Benedita aplicamos passes e oramos por ela, que não se acalmava.

— Vou buscar ajuda do grupo do centro espírita. Precisamos acalmá-la e fazê-la descansar. O corpo dela está cada vez mais fraco, especialmente com essas energias com as quais ela o está sobrecarregando.

Dona Benedita saiu e logo retornou com mais de vinte trabalhadores do núcleo espírita que nos apoiava. Passamos o restante da noite em trabalho intenso para limpar o campo vibratório de Pâmela, ajudando-a a alcançar algum equilíbrio, e foi somente na madrugada alta que conseguimos acalmá-la um pouco, para que descansasse.

Eu estava inconformado e quando ela finalmente adormeceu, falei:

— Vamos levá-la à clínica, dona Benedita. Não quero desistir.

— Não estamos desistindo, mas levá-la não vai ajudar em nada. Ela precisa descansar agora. Passará por um procedimento delicado logo pela manhã.

Sentei-me exausto e desconsolado. Sabia que dona Benedita estava certa, mas não conseguia aceitar. Não queria. Ficava mentalmente procurando um modo de agir. E ia me desgastando cada vez mais, envolvendo-me mais e mais na dor daquele momento.

— E se falássemos com Renato? Quem sabe conseguimos fazê-lo tomar uma atitude? Somente ele pode impedir Pâmela.

Capítulo 22

FOMOS AO ENCONTRO DE RENATO sem demora e o encontramos ainda acordado, finalizando alguns trabalhos que teria de entregar no dia seguinte. Nos colocamos em sintonia com os planos mais elevados da vida em busca de orientação e ajuda.

O cansaço logo tomou conta de Renato, e ele, ainda com a roupa com a qual passara o dia, se deitou na cama e adormeceu. Seu corpo espiritual se desprendeu do corpo físico, de certo na busca de mais diversão, como estava tão acostumado.

— Olá, Renato.

— Serginho - ele disse sem muito entusiasmo, certamente por pressentir que eu não deixaria que ele escapasse dali tão fácil.

— Precisamos conversar.

— Estou cansado, Serginho. Preciso sair, espairecer um pouco.

— Terá tempo para fazer isso, meu amigo. Nossa conversa não será demorada.

Ainda pouco conformado, Renato concordou e se sentou na cama, ao lado de seu corpo denso. Ficou em silêncio, me olhando, na espera do que eu tinha para falar. Eu então o olhei com carinho e disse:

— Você sabe que precisa falar com Pâmela.

— Ela não quer falar comigo.

— E com razão, não é, Renato?

— Agora vai defender aquela maluca?

— Pâmela não tem nada de maluca, Renato. Ela está precisando de seu apoio, de sua ajuda. Você precisa impedi-la de fazer algo do qual poderá se arrepender.

— O corpo é dela, não posso fazer nada.

Agora ele estava sendo cínico. Meu amigo havia mudado, e não era para melhor. Onde estariam os sentimentos mais nobres que eu via nele quando éramos mais jovens?

— Renato, ouça com bastante atenção, por favor, meu amigo. Estou aqui com objetivo de ajudar você. Foi para isso que saí de meu paraíso.

Renato deu ligeiro sorriso. Eu buscava de todas as formas quebrar suas barreiras interiores, fazendo-o se abrir para me escutar de verdade.

— Puxa, cara, você é meu amigo, eu desejo apenas o seu bem – falei.

— Eu sei, Serginho. É que as coisas estão diferentes.

— E estarão mais a cada dia. Tudo se transforma

o tempo todo, Renato. A vida é assim mesmo. A gente é que demora a compreender e aceitar isso. Mas não precisa ser para pior. Pâmela fará o aborto amanhã, não temos mais como falar com ela. Mas você pode convencê-la a desistir.

— Não quero esse filho. Ela tem mais é que fazer o que tem vontade.

— Você tem responsabilidade tanto quanto ela, Renato. O corpo é dela, mas a criança é fruto de um relacionamento de vocês dois. Ambos são igualmente responsáveis.

— Cara, chega dessa conversa. Eu não posso ter um filho agora. Prejudicarei todo o meu futuro se fizer isso. Não é viável. Tenho de pensar na minha carreira, no meu futuro. Nem sei se quero casar algum dia, quanto mais ter filhos. Isso ainda não passa pela minha cabeça.

— Deveria ter pensado em tudo isso quando manteve relações sexuais com Pâmela. Deveria ter se assegurado de que ela pensava o mesmo, que não tinha maiores intenções, que não a amava, enfim, que estava apenas se divertindo, curtindo.

Renato ia responder, mas eu continuei:

-- E principalmente, devia ter tomado todas as precauções para que não houvesse uma gravidez indesejada.

Renato ficou mudo. Sabia bem do que eu estava falando.

Fiquei olhando para meu amigo por longo tempo, aguardando sua resposta. Ele pensou por algum tempo, depois deu de ombros e disse:

— Que se dane. Não vou estragar minha vida por causa de um errinho que cometi. Pâmela também não quer esse filho e tem todo o direito de escolher. O corpo é dela, afinal, e a vida também.

Deu um suspiro profundo, pois percebia que aquela conversa não levaria a lugar algum.

— Ela tem o direito de escolher, Renato. E você também. Mas vocês estão sendo inocentes. Todas as escolhas trazem suas consequências. E nem você nem ela estão enxergando claramente quais são elas. Está realmente preparado para viver com suas escolhas?

Eu olhava Renato dentro dos olhos, como a tentar ouvir seus pensamentos, mas eu ainda não era capaz disso. Então olhei para dona Benedita, que pousou as mãos sobre meus ombros e disse:

— Não fique atormentado, não podemos forçá-los a nada.

— Eu sei.

— Sabe o quê? - perguntou Renato.

— Sei que você vai se arrepender da decisão que estão tomando.

— Mas não estou fazendo nada.

— Isso mesmo, vai se arrepender de não fazer nada.

Renato se levantou e disse resoluto:

— Essa conversa está muita chata. Você está muito

chato, Serginho. Quer saber? Ficou um mala depois de morto. Tchau. Tenho que sair.

Renato simplesmente saiu do quarto, deixando seu corpo denso em repouso, e desapareceu. Fiquei meio tonto com o final de nossa conversa, e, muito aborrecido, olhando para dona Benedita, eu disse, já desconsolado:

— Não deu certo.

— A decisão é deles, meu filho. Temos de respeitar.

***

Assim que o dia amanheceu, fomos para a casa de Pâmela. Ela já estava acordada. Tomou um banho e trocou de roupa. Estava muito agitada, com pensamentos conflitantes permeando sua mente. Seu coração estava acelerado, e podíamos perceber as enormes descargas de adrenalina sendo jogadas em sua corrente sanguínea, agitando-a mais e mais. Ela estava com medo, mas ignorava qualquer alerta que sua consciência lhe enviava. Terminou de se arrumar e, não querendo permitir qualquer silêncio interior que pudesse fazê-la enxergar a situação de maneira diferente, começou a arrumar as roupas no armário. Não queria ficar parada. Assim que terminou, checou suas mensagens no celular. O coração batia acelerado. Ela não conseguia perceber que tinha febre. A angústia, a raiva, o medo, todas aquelas emoções negativas intensas, somadas às mesmas emoções que emanavam do ser reencarnante, que pressentia a interrupção de sua tenra oportunidade, levavam total desequilíbrio ao corpo físico de Pâmela. Ela tentava esconder a culpa, pois sabia que o que estava fazendo contrariava tudo o que havia aprendido. Não pensava em Deus e não permitia que qualquer pensamento que fosse na direção contrária do que estava por fazer tomasse corpo em seu interior.

Quando a mãe bateu de leve à porta, ficou aliviada. Estava na hora. Levantou-se, abriu a porta do quarto e apareceu na cozinha.

— Nossa, filha! Já está pronta?

— É. Tenho de chegar mais cedo ao colégio.

— Por quê? - perguntou Helena, desconfiada.

— Tenho prova na primeira aula e estou com umas dúvidas sobre a matéria. Quero ver se o pessoal me ajuda com isso. Marcamos de chegar mais cedo para dar uma revisada.

— Prova do quê?

— De física.

— É. Física é bem difícil.

Sentando-se e tentando disfarçar a ansiedade imensa que sentia, Pâmela tomou um gole de suco de laranja e já se levantou.

— Sente-se e coma direito, filha.

— Não posso. Quer dizer, vou comer na cantina, enquanto estudo.

Pâmela se abaixou e beijou a mãe. Helena sentiu

um forte aperto no peito, e um medo impreciso a dominou. Levantou-se e foi atrás da filha, que fechava a porta de entrada da casa.

— Espere.

— O que foi, mãe? Estou com muita pressa.

— Deixe eu te abraçar, minha filha.

Pâmela foi envolvida em terno e longo abraço pela mãe. Sentiu vontade de desabar ali mesmo, contar tudo que estava acontecendo, mas a raiva, o medo e a culpa não permitiram.

— Cuide-se, minha filha. Alimente-se direito. Você precisa cuidar bem de sua saúde.

— Eu vou me cuidar, mãe. Pode deixar.

Pâmela saiu depressa, mas antes Helena perguntou:

— Quem vem te buscar?

— Uma amiga vem me pegar. Combinei de encontrá-la no posto de gasolina, para ela não desviar do caminho.

Assim que virou a esquina, correu descendo a rua, duas quadras. No posto de gasolina, um táxi a aguardava. Entrou. Não demorou muito, e estava na recepção da clínica. Apertava a pulseira do relógio e girava um dos anéis em seus dedos. A ansiedade a dominara por completo.

— Pâmela - uma voz de mulher chamou de dentro do consultório.

A menina levantou tremendo e seguiu o som de onde vinha a voz. Foi levada pela atendente para os fundos da clínica, pelo lado de fora. O pequeno centro cirúrgico destinado ao aborto clandestino ficava num local escondido aos fundos, atrás de uma parede. Lá, um médico recebeu a jovem e perguntou:

— Está sozinha?

— Sim.

— Está bem, vamos.

Logo Pâmela estava deitada em uma maca, e o procedimento começou.

Eu não conseguia acreditar no que estava presenciando. Ao redor da adolescente havia um grande número de entidades espirituais chorando, acusando-a de assassina. Indaguei Benedita com o olhar, e ela respondeu:

— Inúmeros espíritos que têm sua encarnação interrompida não conseguem aceitar e ficam por aqui, atormentando a todos. Querem vingança. Detestam os médicos, os atendentes, todos.

— As vibrações deste lugar são aterradoras. Essas criaturas não são socorridas pelas equipes espirituais?

— Muitos socorristas vêm até aqui, mas não conseguem de imediato, retirar os espíritos tão apegados à raiva, à dor que vivenciaram.

O procedimento de Pâmela teve início. Minha tristeza crescia, e comecei a fraquejar. Não estava conseguindo suportar minha incapacidade de auxiliar, e eu me culpava, me cobrava incessantemente.

O espírito reencarnante gritava em desespero,

vendo se aproximar o momento em que sua vida seria interrompida. Até que o feto foi retirado e jogado em uma bandeja de plástico ao lado da maca.

Pâmela estava sonolenta, e virou o rosto para o outro lado ao perceber que o procedimento estava quase acabando.

— Vou fazer uma limpeza e já terminamos – falou o médico sem o menor sinal de sensibilidade na voz, como se estivesse arrancando um dente.

Naquele momento, senti vontade de socar aquele homem. Mas logo notei que a expressão de seu rosto havia mudado e pequenas rugas se formavam em sua testa. Notei então que Pâmela estava com uma forte hemorragia.

O médico começou a tentar estancar o sangue. Chamou a enfermeira pelo interfone, e Pâmela arregalou os olhos, percebendo que algo estava errado. Ela estava perdendo os sentidos.

Foi um entra e sai na sala. Enfermeiras e mais um médico chegaram com medicamentos. Eu estava apavorado vendo os sinais vitais de Pâmela ficarem cada vez mais fracos. Seu corpo estava fraco e abatido. Aproximei-me dela e comecei a falar aos seus ouvidos:

— Lute, Pâmela. Lute. Você ainda pode fazer muito. Não se entregue, por favor.

O coração dela parou de bater. Os médicos começaram o procedimento de ressuscitação, que fizeram três, quatro, cinco vezes, e eu vi quando o corpo espiritual dela se desligou do corpo físico. E então as entidades que a seguraram gritaram:

— Agora você é nossa. Vai sofrer, menina idiota.

O espírito reencarnante, liberto do feto, agarrou o pescoço de Pâmela e gritou:

— Você prometeu me aceitar. Você prometeu. Eu odeio você!

Em choque, olhei para dona Benedita. Ela, que já havia saído e voltado com diversos irmãos do centro espírita que nos apoiava, tentou me acalmar.

— Calma, Serginho. Calma.

Fiquei estático, ainda em choque. O desespero tomou conta de mim, e eu simplesmente não sabia o que fazer com as emoções que sentia. Havia passado por tanta coisa desde que retornara ao mundo espiritual, mas simplesmente não sabia lidar com o que estava acontecendo naquele momento.

Via a movimentação do grupo espiritual em torno de Pâmela na intenção de ajudá-la, mas sabia que as vibrações daquele ambiente só prejudicavam. Finalmente, enquanto os médicos decidiam o que fazer e constatavam que a garota havia morrido, o grupo de espíritos desapareceu, levando Pâmela e o espírito cuja vida tinha sido interrompida.

Fiquei completamente atordoado, e tiveram de me levar depressa para o centro espírita. Lá, precisei ficar algumas horas em tratamento de passes magnéticos para que recobrasse minimamente meu equilíbrio.

Aquela missão havia se encerrado para mim. Lamentei profundamente minha falta de estrutura e todos os desdobramentos, e foi somente com a chegada de dona Benedita que consegui me acalmar um pouco.

— Eu falhei - disse para minha amiga.

— Querido, fique calmo. Vamos resgatá-la.

— Eu falhei com você, com ela e com Renato.

— Ouça bem, Serginho. Não foi responsabilidade sua.

— Foi, sim. Eu deveria ter ajudado.

— Nem sempre podemos ajudar, Serginho.

— Sempre consegui.

— Esse era um grande desafio. Eu não conseguiria, e você veio ajudar, como último recurso. Fez tudo o que pôde. Sabe que a escolha é deles e precisa aceitar isso.

— Mas ela morreu! Meu Deus! Foi muito triste!

— Eu sei. Foi muito triste mesmo.

— Como isso pôde acontecer?

— Era um risco que sabíamos que ela estava correndo, pois são inúmeros os casos de adolescentes que morrem nessas clínicas. Ela estava fraca, sobrecarregada de sentimentos deletérios. Além do mais, como você constatou, a clínica não é assim confiável.

— Então é quase uma roleta russa?

— Mais ou menos.

— Meu Deus! - suspirei e silenciei. Precisava orar.

Capítulo 23

PERMANECI EM RECOLHIMENTO no núcleo espírita até o final do dia. Estava arrasado e deprimido. Benedita apareceu ofegante e disse:

— Conseguimos resgatá-la.

— Conseguiram?

— Sim. Um grupo de socorristas experientes veio em nosso auxílio e conseguimos.

— Onde ela está?

— Aqui mesmo.

— Posso vê-la?

— Ela está adormecia agora, e assim a manteremos até que seja o momento melhor para despertá-la.

— E Karuam?

— Infelizmente com ele foi mais difícil.

— Por quê?

— Sua raiva e revolta estão ainda mais intensas.

Precisará de mais tempo remoendo esse sofrimento para conseguir se abrir ao socorro.

— E ele deixou trazê-la?

— Ele quer se vingar a qualquer preço.

— Enquanto ela estiver por aqui, estará protegida, não é mesmo?

— Somente quando ela der ouvidos à sua própria consciência, aceitando a realidade de si mesma e do mundo, é que estará realmente protegida, você sabe disso.

— Como assim? Este núcleo não possui recursos para mantê-la a salvo?

— Temporariamente, sim. Mas depois de algum tempo, todos temos de nos fortalecer em nós mesmos, caminhando com nossas próprias pernas. Por isso a encarnação é tão importante. Não poderemos mantê-la aqui para sempre. Quando ela despertar, tomará suas próprias decisões, aquelas que conseguir tomar em seu estágio evolutivo.

Fiquei olhando para dona Benedita tentando compreender o que ela dizia. Sentia que havia mais em suas palavras do que eu conseguia captar. Suspirei fundo e reconheci:

— É, tenho muito o que aprender.

A doce senhora sorriu. Apesar da situação, ela estava serena, tranquila e confiante, e eu não conseguia compreender sua calma. Tudo havia desmoronado, o desastre se instalara, e ela estava mais luminosa do que antes.

— E agora? - perguntei.

— Sente-se melhor?

— Sim. O que vamos fazer agora?

— Você deve voltar à colônia. Precisa se fortalecer. Eu vou ao encontro de Renato. A notícia deve estar chegando por lá agora.

Levantei-me e falei:

— Eu vou também.

— Melhor não.

— Você vai sozinha?

— Não. O grupo socorrista estará comigo.

— Então me deixe ir junto.

Ela pensou um pouco e respondeu:

— Você está sem condições de ajudar agora, Serginho. Poderá vir se for tão somente um observador, para aprender um pouco mais. A dor é grande, e você não poderá se envolver com ela, ou teremos de trazê-lo de volta para cá, e assim, ao invés de ajudar, você irá é dar trabalho.

Pensei um pouco, consultando meu coração. Estava realmente fraco, mas queria prosseguir.

— Quero mesmo ir.

— Então estamos de saída.

Em alguns minutos, estávamos na casa de Pâmela, onde a mãe chorava em profundo desespero. Havia recebido a notícia da morte da filha e não se conformava.

Esperava o pai para seguirem à clínica. Helena estava desesperada, seus olhos demonstravam o tamanho da dor que sentia. Eu via ao redor dela as formas-pensamentos se formarem uma após a outra: lembranças da filha pequena, a gestação, depois a filha, naquela manhã, despedindo-se dela. A cada lembrança, era como se seu coração fosse ferido mais e mais. Estava envolvida por uma angústia intraduzível.

Eu queria ajudá-la, e ameacei ir em sua direção, quando dona Benedita me deteve e disse:

— Nem pense nisso, está sem condições. Pense apenas em Jesus, no seu imenso amor, em sua ternura por cada um de nós. Creio que em todo sofrimento existe um importante aprendizado. Somente assim, confiando absolutamente em Deus e fortalecendo pensamentos mais elevados, poderá contribuir.

Não titubeei. Fechei meus olhos e procurei as imagens mais lindas e positivas que encontrava em minha mente, e procurei fixá-las, me deixando envolver pelas sensações de alegria e bem-estar que essas imagens me traziam. Mas era difícil fixá-las, pois logo minha mente era distraída para a situação de extrema dor ao meu redor.

Abri os olhos. O grupo de mais de dez pessoas envolvia Helena. Uns oravam em voz alta, rogando o amparo de Deus para aquele coração. Outros vibravam e projetavam imagens suaves, de amor, transmitindo energias positivas que se derramavam sobre Helena.

Ela sofria, mas era impactada por fortes ondas de equilíbrio. Aos poucos, seu desespero amenizou um pouco, e ela iniciou, ainda que muito sutilmente, o processo de aceitação.

Fiquei admirado. Como eram capazes aqueles servidores, entre eles dona Benedita, de agir com tanta serenidade numa situação daquelas! Eu não era capaz de compreender.

Assim que o marido chegou, a dor de Helena se reavivou. Ela começou a contar as informações que tinha, e o pai, descontrolado, gritava:

— Mas o que essa menina foi fazer sozinha numa clínica? Por que você não estava com ela?

— Pâmela estava fazendo um aborto.

— O quê? Eles disseram isso?

— Não. Deram um monte de desculpas esfarrapadas, que não me convenceram. Pesquisei rapidamente a clínica e tenho certeza de que ela estava grávida, tentando resolver o problema sozinha.

— Não pode ser! Como poderia estar grávida sem que percebêssemos?

— Eu estava achando nossa filha um pouco diferente, mas as pressões do último ano do colégio, não sei. – Helena não conseguiu continuar. Chorava intensamente. A culpa brotava intensa. Quando conseguiu se acalmar, falou: – A gravidez, em algum momento, até tinha me passado pela cabeça, mas eu não quis aceitar. É tudo culpa minha!

O marido continuava envolvido em profunda revolta. Sua habilidade em lidar com a dor era bem menor do que a de Helena, eu podia perceber.

— Vou matar esse médico, processar essa clínica. Vou acabar com eles!

Helena chorava, e o grupo espiritual continuava trabalhando para equilibrá-la. A semente da aceitação já estava em seu coração, e agora trabalhavam para que essa aceitação, crescente, aplacasse ao menos o desespero e a culpa, pois a dor da ausência da filha, essa levaria muito mais tempo a ser amenizada.

O grupo de socorristas ficou ao lado de Helena. Dariam o suporte à família enlutada. Indefinidamente. E dona Benedita, com mais dois trabalhadores e eu, fomos à casa de Renato. Eram sete horas da noite, e meu amigo se preparava para sair. Percebemos sua calma. Será que ele já sabia?

O celular de Renato tocou, e do outro lado da linha a melhor amiga de Pâmela falava descontrolada:

— Ela morreu, viu! Ela morreu. Está satisfeito agora, imprestável nojento?

— Do que que você está falando, sua maluca?

— Você não sabe ou não está nem aí?

— Não sei o quê?

— Pâmela está morta! Morreu fazendo o aborto do seu filho!

Renato ficou branco e sentou na cama. Pensei que ele fosse desmaiar.

— Do quê você está falando?

— A Pam foi fazer o aborto hoje, bem cedo. E ela morreu na clínica. Você está perdido, Renato. Já contei para a dona Helena que o pai era você. Nem para acompanhá-la, para ajudá-la! Você abandonou a Pâmela, seu covarde. Não dá pra chamar você de homem. É um moleque mimado covarde e inconsequente.

E ela seguiu desabafando impropérios.

— Você sabe que o pai dela é um advogado muito bem-sucedido?

— Sei – balbuciou Renato, antevendo os desdobramentos da situação.

— Pois se prepare, viu. Todo mundo da escola está falando sobre o assunto. Todo mundo sabe que você era o pai do bebê e que a traiu e abandonou sem maiores explicações. Você não presta, Renato, e vai pagar pelo que fez. Ah, isso vai! O pai dela vai te colocar um processo, que nem com todo o dinheiro que você tem, vai conseguir se livrar.

Renato estava pálido e tonto, completamente passado. Olhava para ele e via que não tinha a menor estrutura para lidar com as consequências de seus atos.

Dona Benedita, com toda a calma do mundo, o envolveu em enorme carinho e orava por ele, emanando vibrações de amor e compreensão, buscando acalmá-lo.

Ele desligou o telefone e ficou parado por um longo tempo, sem a menor noção do que fazer. Seu coração batia descompassado. Lembranças, culpa e angustia o envolviam. Ajoelhou na beira da cama e chorou por um tempo.

— O que vou fazer agora? - balbuciou limpando as lágrimas.

Dona Benedita o envolveu ainda mais, acariciou seus cabelos desalinhados e sussurrou lhe aos seus ouvidos:

— Crescer, meu filho. Crescer.

Capítulo 24

DEPOIS DE LONGO TEMPO dando apoio espiritual a Renato, dona Benedita tocou meu braço e disse:

— Serginho, agradeço sua ajuda e tudo o que fez, seu carinho por Renato. Agora acho que deve voltar à colônia.

— Mas quero continuar ajudando. Renato vai precisar de mim ainda mais.

— Sim, ele precisará. Mas não adianta nada você ficar por aqui neste momento. Ele receberá nosso apoio, em termos de vibrações. Depois, quando estiver mais calmo, seguiremos com o trabalho de conscientização, de despertar da consciência, na luta por tirar meu neto dessa alienação da realidade em que se encontra. Não precisa ter pressa, Serginho. Infelizmente, meu neto terá uma encarnação inteira para se arrepender. E você certamente terá novas oportunidades de auxiliá-lo quando as circunstâncias forem apropriadas ao despertar.

Ela fez uma longa pausa, me olhou com aqueles olhos expressivos e sinceros e completou:

— Por hora, precisa cuidar de você mesmo. A experiência foi dura, e você precisa tirar todo proveito das lições vividas.

— Estou triste por não ter conseguido ajudar.

— Eu sei. E agora, com essa dor, vai fazer um bom proveito e usá-la para seu aperfeiçoamento. Tenho certeza de que na próxima vez em que nos encontrarmos, você estará pronto para nova tentativa com Renato. As oportunidades de ajudá-lo continuarão por aqui, e você voltará com outros recursos interiores para contribuir.

Abracei dona Benedita demoradamente. Sabia que ela estava certa. Eu também precisava me refazer. Despedi-me daquela senhora forte e determinada e fui para meu refúgio preferido.

Entrei na casa de meus pais e suspirei fundo. Como me sentia bem naquele lugar! Minha mãe e meu pai haviam conseguido fazer de seu lar um verdadeiro santuário na Terra. Como é bom termos um lugar assim, abençoado por nossos próprios pensamentos e ações no bem, onde há equilíbrio e paz.

O lugar estava vazio, e fiquei por ali usufruindo da atmosfera suave em que a casa se encontrava. Não demorou muito e minha família chegou, trazendo movimento. Minha mãe, Sueli e Fábio entraram. Percebi logo que o assunto era sério, pois dona Eugênia estava compenetrada, conversando com meus irmãos. Acompanhei o que ela dizia.

— É por isso que peço a vocês que não me escondam as coisas. Por mais que eu possa parecer chata ou autoritária, impondo certos limites, é porque amo vocês e quero sempre o melhor para cada um.

— Acha que a mãe da garota não sabia da situação, mãe?

— Não sabia, Sueli. Conversei com uma amiga dela. Ela não sabia.

— Então ela fez tudo sozinha?

— Fez, filha.

— Que coisa triste! Todos na escola estão muito chateados. Muito mesmo. Eu não tinha amizade com ela, mas eu a encontrava todos os dias.

Sueli sentou-se no sofá e suspirou:

— Que coisa triste!

Aproximei-me de minha irmã e falei, buscando ser percebido:

— É, Sueli. Sexo é coisa séria.

Ela me viu, sorriu e falou:

— É, mãe. Sexo é mesmo uma coisa séria.

Dona Eugênia, que não costumava conversar sobre sexo com os dois filhos ao mesmo tempo, aproveitou minha interferência e sentou-se ao lado de Sueli.

— Sente-se aqui, Fábio.

— Eu tenho lição para fazer.

— Tudo bem, daqui a pouco você faz. Agora sente-se aqui um momento, por favor, filho.

Pressentindo o desdobrar da conversa, me aproximei de minha mãe e busquei uma conexão profunda com ela, na intenção de lhe dar suporte para que colocasse tudo com muita clareza.

— Sim, Sueli. Sexo é uma coisa séria, e precisamos abrir espaço em nossa casa para falar sobre isso, sem inibições ou constrangimentos. Trocar, falar o que sentimos e pensamos. E se estamos confusos com algo, vamos compreender e esperar que, conversando, as coisas possam clarear dentro de nós. O que acham?

Sem jeito, Fábio falou:

— Prefiro falar com o pai sobre o assunto.

— Eu sei. Tem muitos detalhes que será bom falar com seu pai mesmo. Mas em termos gerais, podemos conversar nós três.

Fez pequena pausa, claramente procurando organizar os pensamentos que fluíam em sua mente e a melhor maneira de colocá-los.

— Vocês sabem que tudo o que fazemos e também aquilo que não fazemos nos traz consequências. Já falamos muitas vezes sobre isso, e essa é a mais pura realidade. Ignorar esse fato, por si, já nos predispõe a escolhas mal resolvidas e ao sofrimento. O ato sexual em si é decorrência de uma intensa força que todos temos, mas ele envolve muito mais do que a satisfação pura e simples do desejo físico.

Eu envolvia os três em vibrações amorosas, buscando ajudá-los a se concentrar no que minha mãe dizia.

— O corpo físico é apenas uma dimensão do que somos, apenas uma parte. Somos também mente, onde trazemos nossos conhecimentos, crenças e sentimentos, desta vida e de outras experiências que já tivemos por aqui e até em outros mundos. Nossa mente faz parte de nosso espírito, existe antes de nascermos e continuará existindo depois que nosso corpo morrer. Ou seja, é importantíssima, ainda que não possamos tocá-la fisicamente. É a nossa mente que conduz tudo em nossa vida. A nossa mente pertence ao espírito, esse ser imortal, criado à imagem e semelhança do Criador. Essa inteligência que nos torna únicos e capazes de tantas realizações. Nosso espírito tem necessidades próprias, diferentes do corpo material. E por não sabermos disso direito, confundimos tudo. Vocês me entendem? Está muito complicado?

Os dois não tiravam os olhos de minha mãe, e balançaram a cabeça, acenando que estavam acompanhando o raciocínio.

— Muito bem. Quando praticamos o sexo puramente para satisfação de nossas necessidades fisiológicas, materiais, atendemos a uma lei, que é a da preservação das espécies. Ou seja, é muito natural sentirmos desejo sexual e querermos satisfazê-lo, isso faz parte dessa natureza. Não precisamos negar, nos envergonhar, ou mesmo admitir que muitas vezes não sabemos muito bem controlar essa vontade, esse desejo, e queremos dar vazão a ele. Isso também é muito natural. No entanto, somos mais do que esse corpo. E o sexo afeta nossa mente, nossas emoções e nosso espírito, tanto quanto afeta nosso corpo. Somos seres inteligentes, racionais, capazes de antever consequências futuras de nossos atos. Assim, o básico é aceitarmos com tranquilidade nossa natureza, nossas necessidades e nossos desejos, mas direcionarmos essas energias sexuais sabendo que podemos ter controle sobre ela, fazendo bom uso dessa possibilidade.

Eu olhava meus irmãos com atenção, e minha mãe continuou.

— Quando praticamos o sexo com consciência, dando tempo ao carinho e ao afeto pelo outro, deixando que se crie uma intimidade agradável, a experiência sexual se amplia. Não é mais só o corpo físico, mas os sentimentos que estão envolvidos. Quando agimos assim, o outro não é mais apenas uma maneira de nos satisfazermos, mas alguém com quem vivemos aquela experiência prazerosa e sublime. Somos menos egoístas e começamos a construir uma relação muito mais ampla, que pode nos trazer muito mais satisfação. Assim pensando, também seremos capazes de pensar que outro ser pode nascer daquela relação, e pensando nesse novo ser, no companheiro que pratica o sexo conosco, e qual a condição daquele companheiro em lidar com uma gravidez, agimos com mais sensatez, utilizando todos os métodos contraceptivos a que temos acesso, cientes de que somos responsáveis caso uma gravidez aconteça.

Dona Eugênia fez uma longa pausa e finalizou:

— Sexo pode ser uma experiência maravilhosa, prazerosa, profunda, quando envolve não somente o corpo físico, mas as outras dimensões de nosso ser. E é algo sério também, pois sua prática, com equilíbrio ou não, pode desencadear uma série de consequências, para as quais um jovem muitas vezes não está preparado.

Ela finalizou sorrindo e disse:

— Tá bom, por hoje, não é?

Sueli ficou olhando para minha mãe e depois sorriu dizendo:

— Nossa! Nem parecia minha mãe falando.

— É. Não mesmo - concordou Fábio, já saindo da sala.

— Vai ver seu irmão estava por aqui me dando uma forcinha.

Balancei a cabeça para Sueli, negando que tivesse tido qualquer interferência no que minha mãe dizia. Era ela mesma quem falava.

— Ele está dizendo aqui que não, que foi você mesma quem falou tudo isso.

— Ele está por aqui?

— Está sim, mãe.

— Faz tempo?

— Desde o começo de nossa conversa.

— Estou com saudades de meu menino.

Eu abracei minha mãe com ternura, e ela sentiu, pois falou logo em seguida:

— Querido!

Sueli tinha lágrimas nos olhos.

— O que foi? - perguntei curioso.

— Que pena que Pâmela não teve a mesma oportunidade que eu tenho.

— Ela teve muita ajuda, Sueli, mas fez suas próprias escolhas. Não pense que não tivemos conversas bem esclarecedoras com ela. Mas ao final, a decisão é mesmo de cada um.

— Parece triste.

Concordei com um aceno de cabeça e informei:

— Estou de partida.

— Pergunte a ele sobre o Renato. Estou preocupada com o rapaz - disse minha mãe. E eu me adiantei na resposta.

— Também estou, Sueli. Peça à mãe que o mantenha nas vibrações da Casa Espírita. Ele vai precisar de muita ajuda.

Sueli passou meu recado, e então minha mãe perguntou:

— E a garota, como está?

— Em condições precárias, mas socorrida.

Dona Eugênia suspirou fundo. Sabia que pensava

em Pâmela e em sua família. Ela conhecia bem aquela dor que eles estavam vivendo e disse:

— Vamos orar por todos eles, para que Deus os ajude a aceitar e compreender, transformando essa dor enorme em aprendizado e crescimento.

Abracei a cada um com emoção. Sempre era difícil para mim ter de ir embora, mesmo sabendo que voltaria em breve. Sueli acompanhava minha emoção e secava as lágrimas que lhe desciam pela face. Despedi-me delas e, por fim, abracei minha irmã e sussurrei:

— Tenha juízo. Aproveite as sábias palavras de dona Eugênia. Você não terá desculpas para se justificar depois.

Ela sorriu e falou:

— Cuide-se, meu irmão. Sinto você triste.

Parti deixando aquele grupo tão querido que eu amava muito.

Capítulo 25

LOGO CHEGUEI À COLÔNIA em que vivia no mundo espiritual. Caminhava cabisbaixo para o meu quarto, quando Messias me alcançou.

— Olá, Serginho.

Meio sem jeito, respondi:

— Oi, Messias.

Fez-se um breve silêncio, que pareceu uma eternidade. Eu não sabia o que dizer. Sempre retornava feliz com os resultados da tarefa, com êxito nas incumbências recebidas. Mas desta fez era diferente. Eu sentia que havia falhado e me culpava.

— Já soube do fracasso? - perguntei.

— Do que exatamente está falando?

— Eu falhei, Messias.

— Em que exatamente?

— Em tudo. Não consegui ajudar Renato, nem Pâmela e muito menos o bebê.

— Essa não foi sua falha, Serginho.

Fiquei olhando meu orientador com certa curiosidade.

— Renato escolheu, e a decisão era e sempre será somente dele. Assim também com a garota. Essa não foi sua falha.

— E qual foi?

— Por não aceitar, não compreender as limitações e imperfeições de seu amigo, de Pâmela, bem como ainda não compreender profundamente a dor como uma mensageira de Deus para o crescimento de seus filhos, você se entregou ao desânimo, ao desalento, à culpa, enfim, deixou que sentimentos negativos crescessem em seu interior. Não foi capaz de ter o autocontrole tão necessário no socorro aos nossos irmãos em sofrimento na Terra.

— É. Você está certo. Fui mesmo uma porcaria.

— E ainda não aprendeu a lição.

— Não mesmo.

Messias me abraçou e seguiu caminhando ao meu lado até chegarmos à porta de meu quarto. Então eu perguntei:

— O que vou fazer agora?

— Ora, e o que mais poderia fazer, meu amigo? - Messias sorriu, fez breve pausa e depois prosseguiu: - Continuar aprendendo, prosseguir crescendo, aceitar com humildade suas limitações e dificuldades, mas não se deixar paralisar por elas. Observar com atenção seus potenciais e desenvolvê-los. E prosseguir sendo uma ferramenta de auxilio a todos aqueles que necessitam.

— Seguir em frente servindo a Jesus.

— Exatamente. Eu sempre digo: somos aprendizes, nada mais que isso, e como tais, temos um enorme caminho a percorrer. Mas esse caminho pode ser repleto de alegrias e pequenas realizações, até que alcancemos degraus mais altos de evolução. E então, quando chegarmos lá, o que faremos?

— Continuaremos aprendendo – arrisquei.

— Isso mesmo! Já disse o grande Einstein: tudo é relativo. E assim é. Cada estágio que atingimos nos permite enxergar novos horizontes para o desenvolvimento, e assim vamos seguindo. Quando mais sabemos, mais percebemos que há muito ainda a ser aprendido.

Messias me olhou com serenidade e falou tranquilo:

— Agora levante a cabeça. Ânimo! Estava pensando o quê? Que já tinha aprendido tudo?

Sorri sem graça e senti o tamanho de minha limitação, e Messias concluiu:

— O importante é não desanimar diante dos insucessos, dos obstáculos e das dificuldades. Mesmo quando a situação nos traz dor e sofrimento. Olhe tudo o que você vivenciou. Normalmente o fracasso nos ensina mais sobre nós mesmos do que nossas conquistas. Ao aceitar que tudo contribui para o nosso crescimento e felicidade, vamos caminhando em nossas existências como em uma expedição onde a cada etapa vencida, vamos conquistando a nós mesmos, nos tornando melhores. Somos exploradores de um mundo novo, Serginho. Somos exploradores da luz. Use a experiência para seu aprimoramento e prossiga firme e determinado. Jesus conta com sua colaboração.

Abracei Messias agradecido, me despedi e entrei em meu quarto. Tinha muito em que pensar.

***

Algumas semanas se passaram. Eu estava assistindo a uma apresentação de um coral de música que se apresentava na colônia, quando Messias me chamou para uma nova conversa.

— Como se sente? Mais animado?

— Dia sim, dia sim, passo algum tempo meio chateado ainda com tudo o que aconteceu. Principalmente com a forma como me deixei abalar.

— Já conseguiu compreender o porquê de sua reação?

— Ainda não.

— Está exatamente aí um dos nós que precisam ser desatados para seu aperfeiçoamento.

— Que nó?

— Você precisa praticar mais o autoconhecimento. Está estacionado em um nível e não consegue se aprofundar para dentro de si mesmo.

— E o que há tanto para conhecer?

— Dentro de você? Um universo inteiro. Somos

espíritos com enorme quantidade de experiências armazenadas em nosso inconsciente. Conhecer-se cada vez em maior profundidade permitirá que você não só compreenda onde residem suas dificuldades, como apontará quais as suas necessidades mais profundas e essenciais. Para poder ajudar os nossos irmãos precisamos nos fortalecer, nos conhecer melhor, saber o que nos afeta mais, que tipo de situação nos fragiliza de acordo com tudo aquilo que trazemos dentro de nós.

— Então a coisa vai mesmo longe.

— Sem dúvida. É preciso tempo, dedicação e vontade para alcançarmos níveis mais profundos de autoconhecimento. Mas eu garanto, meu amigo, vale cada esforço. A recompensa é generosa. Você encontrará coisas de que não irá gostar, mas também irá se deparar com verdadeiros tesouros.

Então Messias me abraçou com carinho e disse:

— Inscrevi você neste curso, com dois anos de duração. Acho que será bem útil.

— E nesse tempo não poderei assumir nenhuma tarefa?

— Como não? Claro que sim! Há trabalho incessante aqui na Colônia. Você estará em treinamento junto com outros cinco jovens. Vai gostar deles.

— Então ficarei por aqui um tempo?

— Para sermos úteis, precisamos nos desenvolver. Dedique-se a seu próprio aprimoramento e não se preocupe com o tempo que irá levar. Você terá muito que fazer por aqui.

— E minha família? Poderei visita-los? - Eu estava angustiado.

— Claro, Serginho! Sempre que for possível.

Respirei aliviado. Enchi-me de resignação e pensei com uma ponta de entusiasmo que talvez fosse uma boa alternativa. Messias estava certo.

***

Passou-se quase um ano e sete meses. O curso em que Messias havia me inscrito era fascinante. Um mundo novo de conhecimentos e experiências se descortinara para mim. Estava aprendendo muito e especialmente feliz com o desabrochar que sentia dentro de mim. Comecei a experimentar uma conexão profunda com Deus. Era maravilhoso!

Estava em meu quarto meditando, quando Messias bateu à porta.

— Oi, Messias.

— Interrompo?

— Tudo bem, já estava terminando.

— Estou feliz com seu progresso.

— Eu também, pode crer. Não imaginava que tinha tanta coisa nova pra aprender.

— E há muito mais ainda.

— Calma, Messias. Como aprendemos lá, cada coisa a seu tempo.

— Exatamente. Por isso estou aqui. Hora de treinamento avançado na Crosta.

Senti a agitação chegar, mas a contive e aguardei Messias prosseguir.

— Trouxe o material para sua leitura, para que conheça o caso e se prepare com as informações e tudo o mais de que irá necessitar. Você vai auxiliar uma prima sua, Ana.

— A Aninha está com problemas?

— A Aninha está com quase quatorze anos, Serginho.

— Sério? Ainda ontem era uma menininha.

— Mas agora é uma adolescente e precisa de uma intervenção nossa.

— E qual é minha missão?

Messias ficou sério, olhou dentro dos meus olhos e disse:

— Impedir que ela cometa suicídio.

Olhei incrédulo para meu orientador. Adorava minha prima, e até onde me lembrava, ela era uma garota feliz, num lar feliz. Não podia imaginar quais problemas ela estaria enfrentando que a fizessem pensar em tirar a própria vida.

Tomei os materiais que Messias havia trazido e, assim que nos despedimos, comecei a me preparar. Queria conhecer tudo. Estava muito motivado para colocar em prática tudo que vinha aprendendo, com o objetivo de ajudar Ana.

Pela ampla janela de meu quarto, observei Messias caminhando cercado de vários jovens que encontrava pelo caminho. Senti profundo respeito e admiração por meu orientador e olhei para o firmamento agradecendo ao Criador do universo por seu amor incondicional por criaturas ainda tão frágeis e inseguras como nós, e admirei Sua inesgotável paciência conosco, movimentando recursos de amor para que possamos crescer, nos desenvolver e sermos felizes.

Eu amava cada vez mais esse Ser incompreensível para mim, mas cujo amor eu começava a sentir sem nenhuma dúvida. Certamente a dor me fizera mais forte.

EXTRAS

LEIS DIVINAS

O ESTUDO CONSTANTE e paulatino dos princípios do Espiritismo proporciona compreensão crescente da realidade que nos rodeia. A ciência dedica-se a estudar a realidade material, e o Espiritismo dedica-se a estudar a realidade invisível aos olhos materiais, mas percebida por outros canais que não o dos cinco sentidos. Da interação das realidades espiritual e material decorre uma série de fatos que não podem ser compreendidos de outra forma, mas que ficam extremamente claros quando se consegue enxergar essa dimensão não material da vida. Das investigações dessa interação entre os dois mundos resulta uma das grandes contribuições dos estudos espíritas, que é a identificação das Leis Naturais estabelecidas por Deus, que regem o Universo e que estão amplamente descritas na terceira parte do *Livro dos Espíritos*.

Lei de Causa e efeito (ou ação e reação)

QUANDO COM NOSSAS AÇÕES contrariamos às leis divinas, na realidade não desequilibramos nada a não ser a nós mesmos. Quando o homem, fazendo uso de seu livre arbítrio, escolhe o caminho contrário às leis divinas, determina em si uma ação de igual intensidade e em direção contrária, que anula no mesmo instante o desequilíbrio no geral, ficando somente a anomalia em sua própria intimidade, até que pela lei do retorno volte ele ao equilíbrio, refazendo o caminho percorrido em sentido contrário e entrando novamente no campo de ação determinado pelo Amor.

Esse voltar à Lei pode ser mais ou menos rápido, de acordo com a conscientização da criatura e sua vontade de corrigir o desvio. Assim, temos Espíritos que se arrependem rapidamente e consertam o passo; outros insistem na rebeldia e vão gerando erros em cima de erros, o que leva a que se demorem séculos e mais séculos para que sejam resgatados.

"É a conta do destino criada por nós mesmo, englobando os créditos e os débitos que em particular nos digam respeito. É o sistema de contabilidade do Governo da Vida." (André Luiz)

"A semeadura é livre, mas a colheita é obrigatória."
(Emmanuel)

[+]

- *Livro dos Espíritos* – Livro 3 – questões de 614 a 619 – Allan Kardec
- *Céu e Inferno* – capítulo 7 – Allan Kardec
- *Ação e Reação* – Francisco Cândido Xavier, pelo espírito André Luiz
- *Dramas da Obsessão* – Yvonne Pereira, pelo espírito Bezerra de Menezes

DESENCARNE COLETIVO

É O DESENCARNE (morte, falecimento) que ocorre em acidentes e catástrofes de toda sorte e que vitimam pequeno ou grande número de criaturas. Ocorre porque um grupo ou grupos de espíritos comprometidos com um mesmo débito ou com débitos semelhantes, em reencarnações pregressas, se associam, ainda na espiritualidade, antes do renascimento, com a finalidade de realizar "trabalho redentor em resgates coletivos". Por estar relacionado a experiências evolutivas, o desencarne coletivo é previsto por entidades benfeitoras espirituais, que acolhem os desencarnantes imediatamente.

O resgate de nossas ações contrárias à lei divina, ao bem e ao amor pode ocorrer de várias formas, inclusive coletivamente. O objetivo é fazer o homem avançar mais depressa em seu caminho de evolução. As calamidades muitas vezes são necessárias para "fazer com que as coisas cheguem mais prontamente a uma ordem melhor, realizando-se em alguns anos o que necessitaria de muitos séculos". Além disso, proporcionam ao homem a ocasião de exercitar a inteligência, de mostrar sua paciência e sua resignação ante a vontade de Deus, ao mesmo tempo em que lhe permitem desenvolver os sentimentos de abnegação, de desinteresse próprio e de amor ao próximo.

[+]

- *Livro dos Espíritos* – questões de 737 a 740 – Allan Kardec
- *O Evangelho Segundo o Espiritismo* – cap. 14, item 9 – Allan Kardec

PERCEPÇÕES DO ESPÍRITO DESENCARNADO

HÁ NO HOMEM três elementos: a alma ou espírito, princípio inteligente e sede do senso moral; o corpo material, invólucro grosseiro de que o espírito se reveste temporariamente enquanto permanece na Terra; e o perispírito, envoltório fluídico semimaterial que serve de ligação entre a alma e o corpo. Durante a vida corpórea, o corpo recebe impressões exteriores e as transmite ao espírito por intermédio do perispírito. Devido a isso, as percepções e sensações ficam sensivelmente reduzidas, porque, isolado na concha milagrosa do corpo, o espírito está reduzido em suas percepções aos limites que se fazem necessários. Por exemplo, ninguém, salvo em casos especiais, tem acesso fácil às lembranças de suas existências passadas.

Quando liberto do corpo físico, o espírito já não está mais preso aos cinco sentidos. Suas percepções de ver e ouvir residem em "todo o ser", conforme ensinam os espíritos superiores. Inclusive, percebem os sons imperceptíveis para os sentidos do ser encarnado.

[+]

• *O Livro dos Espíritos* - questões 82, 245, 249, 249a, 257 e 284 - Allan Kardec

• O Livro dos Médiuns - item 54 - Allan Kardec

BREVE HISTÓRIA DO APÓSTOLO PAULO

O NOME ORIGINAL DO APÓSTOLO PAULO era Saulo. De acordo com diversos historiadores, Paulo teria nascido entre os anos 5 d.C e 10 d.C., na cidade de Tarso da Cilicia, por isso era conhecido como Saulo de Tarso. Era filho de judeus, da tribo de Benjamin, e cresceu seguindo a mais perfeita tradição judaica. Era também cidadão romano, o que lhe conferia uma dupla cidadania que lhe abriu diversas oportunidades de expandir o cristianismo nascente pelo império romano. Era artesão por profissão. Ainda jovem, foi para Jerusalém, e na escola de Gamaliel (influente professor judeu) se especializou no conhecimento do judaísmo. Tornou-se fariseu, ou seja, especialista rigoroso e irrepreensível no cumprimento de toda a lei judaica e seus pormenores. Cheio de zelo pela religião, empreendeu tenaz perseguição aos cristãos, estando presente no martírio de Estevão, o primeiro mártir do cristianismo.

Continuou perseguindo os cristãos até que teve um encontro com Jesus na estrada de Damasco. A experiência de Paulo com Jesus mudou completamente sua vida. De perseguidor passou a ser o anunciador do Evangelho de Jesus até sua morte.

Em sua primeira missão, possivelmente entre os anos 45 e 49, anunciando o Evangelho em Chipre, Panfilia, Pisidia e Lacaônia, passou a usar o nome grego de Paulo, de preferência a Saulo, seu nome judaico.

Era um homem bem preparado. Além de conhecer bem sua religião, tinha boas noções de filosofia e das religiões gregas do seu tempo. Em Tarso, sua cidade natal, havia escolas filosóficas (dos estoicos e cínicos) e também escolas de educadores. Encontrou dificuldade para ser aceito como apóstolo. As suspeitas vinham do fato de ter sido um perseguidor e, sobretudo, porque não foi escolhido pessoalmente por Jesus. Em sua incansável missão de anunciar o Evangelho, Paulo sofreu muito, mas não desistiu, difundindo com firmeza os ensinamentos de Jesus até sua morte.

[+]

- *Bíblia* – em Atos do Apóstolos
- *Paulo e Estêvão* – Francisco Cândido Xavier, pelo espírito Emmanuel

ADOLESCÊNCIA

A ORGANIZAÇÃO MUNDIAL DE SAÚDE (OMS) define adolescência como sendo o período da vida que começa aos 10 anos e termina aos 19 anos completos. Para a OMS, a adolescência é dividida em três fases:

Pré-adolescência - dos 10 aos 14 anos
Adolescência - dos 15 aos 19 anos completos
Juventude - dos 15 aos 24 anos

No Brasil, o Estatuto da Criança e do Adolescente (ECA) considera a adolescência como sendo a faixa etária dos 12 até os 18 anos de idade completos, sendo referência, desde 1990, para a criação de leis e programas que asseguram os direitos dessa população.

A adolescência é uma fase de amadurecimento, é um período de transição no desenvolvimento físico e psicológico em que o ser humano deixa de ser criança e entra na idade adulta. O objetivo cultural da adolescência é preparar a pessoa para assumir o papel de adulto.

Do ponto de vista biológico, a adolescência é marcada pelo início da puberdade e o fim do crescimento físico, com alterações ao nível dos órgãos sexuais e de características como a altura, o peso e a massa muscular. É também um período de grandes alterações em relação do crescimento e maturação do cérebro.

Do ponto de vista cognitivo, a adolescência é caracterizada por um aumento da capacidade de pensamento abstrato, de conhecimento e de raciocínio lógico. Do ponto de vista social, é um período de preparação para os papéis sociais culturalmente adequados dos adultos, como o de trabalhador ou parceiro amoroso. Trata-se de uma fase com "mudanças" tão dramáticas que tem recebido descrições do tipo "crise de identidade", "é normal ser anormal", "psicose normativa" etc.

Os adolescentes de 10 a 14 anos

Fase marcada por dúvidas sobre o crescimento, desenvolvimento e transformações corporais (perda do corpo infantil) do adolescente. Também é um momento arriscado, em que o indivíduo busca o próprio limite, muitas vezes se colocando em situações de risco, sozinho ou com amigos.

Os adolescentes de 15 a 20 anos

Aqueles que já venceram os desafios da puberdade (rápida mudança corporal) agora passam a se preocupar com as relações sociais, paqueras, namoros, grupos e a busca da liberdade (escola, emprego, vocação e sonhos). A autoimagem nessa fase pode estar alterada por baixa autoestima e pela presença de acne, micoses, dificuldades visuais (necessidade de óculos), deformidades de arcada dentária (uso de aparelhos) e da curvatura da coluna. Esse conjunto de fatores, associados ao desenvolvimento da sexualidade, pode gerar um momento de intenso conflito.

[+]

http://www.pediatriaemfoco.com.br/posts.php?cod=110&cat=4

DADOS SOBRE GRAVIDEZ E ABORTO NA ADOLESCÊNCIA

Gravidez na adolescência

Denomina-se gravidez na adolescência a gestação ocorrida em jovens de até 21 anos que se encontram, portanto, em pleno desenvolvimento dessa fase da vida – a adolescência. Esse tipo de gravidez geralmente não foi planejada nem desejada e acontece em meio a relacionamentos sem estabilidade.

Cabe destacar que a gravidez precoce não é um problema exclusivo das meninas. Não se pode esquecer que, embora os rapazes não tenham as condições biológicas necessárias para engravidar, um filho não é concebido por uma única pessoa. E se é à menina que cabe a difícil missão de carregar no ventre o filho durante toda a gestação, de enfrentar as dificuldades e dores do parto e de amamentar o rebento após o nascimento, o rapaz não pode se eximir de sua parcela de responsabilidade. Por isso, quando uma adolescente engravida, não é apenas sua vida que sofre mudanças. O pai e a família de ambos também passam pelo difícil processo de adaptação a uma situação imprevista e inesperada.

Aborto na adolescência

Consequências físicas

Consideremos aqui as de ocorrência médica, que acontecem nesta encarnação. Estima-se que a morte da gestante ocorra em 20% dos casos de abortamento provocado na clandestinidade, e além disso, descrevem-se perfurações do útero com cureta, sondas, velas, anemia aguda, decorrente de hemorragias provocadas por estas últimas, por abortamento incompleto (restos ovulares) e demais traumatismos da vagina, do útero e das trompas; infecções, inclusive tétano, abcessos, septicemias, gangrenas gasosas; esterilidade secundária; lesões intestinais, complicações hepáticas e renais pelo uso de substâncias tóxicas. Assim, o aborto, quando não determina a morte, pode imprimir marcas indeléveis no corpo físico.

Consequências psicológicas

O aborto desperta o sentimento de culpa, o arrependimento e às vezes o remorso, a nos perseguir por toda a vida física e extrafísica.

Consequências legais

No Brasil, o aborto é considerado como crime contra a vida humana pelo Código Penal Brasileiro, em vigor desde 1984, prevendo detenção de um a três anos para a gestante que o provocar ou consentir que outro o provoque; de um a quatro anos para quem provocá-lo em gestantes com seu consentimento, e de três a dez anos para quem o provocar em gestantes sem seu consentimento.

O direito positivo brasileiro protege o direito do nascituro desde a concepção. Biologicamente, o momento da concepção é o momento em que o gameta masculino encontra e fecunda o gameta feminino.

Dados publicados em relatório da ONU

O relatório do Fundo de População das Nações Unidas (UNFPA) estima que acontecem até 3,2 milhões de abortos inseguros em países em desenvolvimento envolvendo adolescentes de 15 a 19 anos, e destes, e que 70 mil morrem por complicações durante a gravidez ou o parto. Segundo o estudo, o Brasil perde mais de 7 bilhões de reais com gravidez de adolescentes.

As implicações da gravidez na adolescência

e o que pode ser feito para garantir uma transição saudável e segura para a vida adulta são algumas das questões abordadas pelo relatório "Situação da População Mundial 2013", do UNFPA, que tem como título *Maternidade Precoce: enfrentando o desafio da gravidez na adolescência.*

Segundo o documento, meninas que ficam grávidas antes dos 15 anos em países de baixa e média renda têm o dobro de risco de morte e fistula obstétrica em relação a mulheres mais velhas. O estudo alerta, ainda, que todos os dias, nos países em desenvolvimento, 20 mil meninas com menos de 18 anos dão à luz e 200 morrem em decorrência de complicações da gravidez ou parto. Em todo o mundo, 7,3 milhões de adolescentes se tornam mães a cada ano, das quais 2 milhões são menores de 15 anos – número que pode aumentar para 3 milhões até 2030, se a tendência atual for mantida.

A gravidez indesejada na adolescência traz consequências para a saúde, a educação, o emprego e os direitos de milhões de meninas em todo o mundo, e pode se tornar um obstáculo ao desenvolvimento de seu pleno potencial e impacta negativamente o bebê. E a economia do país também é afetada pela gravidez na adolescência, pelo fato de as mães adolescentes serem impedidas de entrar no mercado de trabalho.

O estudo afirma que a educação reduz a probabilidade de casamento precoce e retarda a gravidez. O casamento precoce está fortemente associado à gravidez na adolescência. Cerca de 39 mil garotas com menos de 18 anos se casam todos os dias, alertou a agência da ONU.

O documento do UNFPA pede uma "mudança no perfil de intervenções dirigidas às meninas" para "abordagens amplas que construam o capital humano das meninas, ajudem-nas a tomar decisões sobre as suas vidas, especialmente em matéria de saúde sexual e reprodutiva", além de lhes oferecer "oportunidades reais para que a maternidade não seja vista como seu único destino".

"As meninas precisam ter acesso aos serviços de saúde sexual e reprodutiva e à informação. Elas precisam ser liberadas das pressões econômicas e sociais que muitas vezes se traduzem em uma gravidez, bem como da pobreza, da falta de saúde e da não realização do potencial humano que acompanham a gravidez", afirma o resumo do estudo em português.

[+]

https://nacoesunidas.org/ate-32-milhoes-de-abortos-inseguros-de-adolescentes-acontecem-todo-ano-em-paises-em-desenvolvimento/
http://www.sbpcnet.org.br/livro/65ra/PDFs/arq_2673_733.pdf
https://sites.google.com/site/causasdagravideznaadolescencia/home/causas-da-gravides/causas-do-aborto-na-adolescencia/aborto-na-adolescncia

LIVRE-ARBÍTRIO E LIBERDADE

CONFORME A QUESTÃO 843 de *O Livro dos Espíritos*, o homem tem livre-arbítrio nos seus atos. **O homem tem a liberdade de pensar e de agir.** *Sem o livre-arbítrio o homem seria uma máquina.* Sem o livre-arbítrio não seria responsável pelo mal que praticasse e nem teria mérito pelo bem que fizesse.

Livre-arbítrio é o poder de agir de determinada forma, ou deixar de agir, sem nenhuma razão para tal escolha a não ser a própria vontade. Pelo livre-arbítrio cada ser tem a liberdade de determinar e escolher sua própria conduta, tendo como objetivo final a felicidade humana. Entretanto, pelo conhecimento da Lei de Causa e efeito, aprendemos que todos somos livres para desejar, escolher, fazer e obter, mas todos somos também constrangidos a colher os resultados de nossas próprias escolhas, ou seja, as consequências de nossos atos nos alcançam invariavelmente.

À medida que aprende a associar as noções de liberdade e responsabilidade, a pessoa exercita melhor seu livre-arbítrio, e compreendendo que está submetida à Lei de Causa e Efeito, começa a discernir que tem responsabilidade direta pelas consequências de suas escolhas.

O processo de amadurecimento espiritual é gradual, estando diretamente subordinado ao esforço próprio.

[+]

- O Livro dos Espíritos – questões 843, 844 e 872 – Allan Kardec
- *O Problema do Ser, do Destino e da Dor* – Léon Denis, pág. 342
- *No Mundo Maior* – André Luiz, psicografado por Francisco Cândido Xavier, págs. 140 a 153
- *O Pensamento de Emmanuel* – Martins Peralva, págs. 199 a 201

PROCESSO DE REENCARNAÇÃO

NÃO EXISTEM duas encarnações iguais, mas didaticamente podem ser separados em fases, jamais estanques, os momentos sucessivos que acompanham o mergulho do espírito na carne. André Luiz, na obra *Missionários da Luz*, estuda um processo reencarnatório, mostrando como se desenvolve uma encarnação do tipo semivoluntária.

1ª Fase: Planejamento encarnatório

Esta fase se desenrola no mundo espiritual, onde o reencarnante, ao lado de seus mentores, planejará a futura encarnação. Como lembra Kardec em *O Livro dos Espíritos*, são planejados apenas os grandes lances da existência, aqueles que podem realmente influir no destino da criatura. O casamento, os filhos, a profissão, o tempo médio de vida na Terra e as principais doenças cármicas são bem definidos nesse período. André Luiz mostra também que detalhes mais importantes do futuro corpo podem ser então especificados. São os mapas cromossômicos, descritos pelo autor, que traduzem a herança genética do pai e da mãe e que determinarão as características hereditárias do reencarnante.

2ª Fase: Contato fluídico com os pais

É a fase em que o reencarnante, em contato mais íntimo com os futuros pais, vai se preparando para a nova existência. André Luiz realça a importância dessa etapa, na qual o espírito se mantém em processo de ligação fluídica direta com os pais. À medida que essa proximidade se intensifica, o reencarnante vai perdendo os pontos de contato com a esfera espiritual.

3ª Fase: Ligação do espírito à matéria

a. Redução perispiritual – Por meio de um processo magnético automático ou dirigido por técnicos especializados, o espírito passa a sofrer uma redução do corpo espiritual, por diminuição dos espaços intermoleculares. Perde "matéria psi", e, atingindo uma pequena dimensão (no caso estudado por André Luiz, o tamanho de uma criança recém-nascida), será acoplado ao centro genésico da mãe.

b. Seleção do espermatozoide – Acoplado ao centro genésico da futura mãe, o reencarnante miniaturizado aguarda a relação sexual para desencadear a reencarnação propriamente dita. Após a explosão dos espermatozoides, liberados na relação sexual, um deles será "escolhido" e devidamente magnetizado para vencer a corrida e alcançar a trompa de Falópio, onde está o óvulo. Essa magnetização do espermatozoide que deverá vencer a corrida é, muitas vezes, feita por técnicos da espiritualidade que selecionam o gameta que traz a carga genética apropriada, de acordo com os mapas cromossômicos, delineados anteriormente. Quando o reencarnante, pelo seu passado, não faz jus a uma equipe especializada, o processo se desenvolve segundo os princípios da sintonia magnética; seu perispírito, por sintonia, atrai o espermatozoide que melhor se adapte às suas necessidades evolutivas.

c. Fecundação – Ao alcançar o terço superior da trompa de Falópio, o gameta masculino encontrará o óvulo e irá fecundá-lo. Nesse exato momento, o espírito reencarnante, que se encontra ajustado ao aparelho genital, liga-se magneticamente à célula ovo, não podendo mais ser substituído por outro espírito.

4ª Fase: Formação do feto

Inicia-se com a fecundação e vai até o nascimento. Trata-se do período de múltiplas divisões celulares que vão dar origem ao embrião e, logo depois, ao feto. Nesta fase, o reencarnante cria, através de seu perispírito, um campo magnético que atuará como molde, onde as células físicas irão se ajustando. À semelhança de uma colmeia de abelhas que é paulatinamente preenchida, o corpo espiritual, vigoroso modelo, atuará como ímã entre limalhas de ferro, dando forma consistente ao futuro corpo físico. Esclarece André Luiz que os primeiros 21 dias após a fecundação – época em que estão se formando os órgãos e sistemas – são de extrema importância para a constituição do futuro corpo, motivo pelo qual a assistência espiritual é muito intensa.

5ª Fase: Adaptação à vida

O processo encarnatório, segundo André Luiz, não se completa ao nascimento, mas apenas aos 7 anos de idade, quando ocorre a plena integração do reencarnante aos implementos físicos.

[+]

• *O Livro dos Espíritos* – Livro segundo, cap. VI, item V – Escolha das provas – Allan Kardec, FEB

• *Missionários da Luz* - capítulos 13 e 14 - André Luiz/Francisco Cândido Xavier, FEB

• *Evolução em Dois Mundos* - Primeira parte, capítulo IX - André Luiz/Francisco Cândido Xavier/Waldo Vieira, FEB

AURA

SEGUNDO ANDRÉ LUIZ, "todos os seres vivos, dos mais rudimentares aos mais complexos, se revestem de um 'halo energético' que lhes corresponde à natureza.

Considerando-se toda célula em ação por unidade viva, qual motor microscópico, em conexão com a usina mental, é claramente compreensível que todas as agregações celulares emitam radiações e que essas radiações se articulem, através de sinergias funcionais, a se constituírem de recursos que podemos nomear por 'tecidos de força', em torno dos corpos que as exteriorizam.

No homem, contudo, semelhante projeção surge profundamente enriquecida e modificada pelos fatores do pensamento contínuo que, em se ajustando às emanações do campo celular, lhe modelam, em derredor da personalidade, o conhecido corpo vital ou duplo etéreo de algumas escolas espiritualistas, duplicata mais ou menos radiante da criatura.

Nas reentrâncias e ligações sutis dessa túnica eletromagnética de que o homem se entraja circula o pensamento, colorindo-a com as vibrações e imagens de que se constitui, aí exibindo, em primeira mão, as solicitações e os quadros que improvisa, antes de irradiá-los no rumo dos objetos e das metas que demanda.

Aí temos, nessa conjugação de forças físico-químicas e mentais, a aura humana, peculiar a cada indivíduo, interpenetrando-o, ao mesmo tempo em que parece emergir dele, à maneira de campo ovoide, não obstante a feição irregular em que configura, valendo por espelho sensível em que todos os estados da alma se estampam com sinais característicos e em que todas as ideias se evidenciam, plasmando telas vivas, quando perduram em vigor e semelhança, como no cinematógrafo comum.

Fotosfera psíquica, entretecida em elementos dinâmicos, atende à cromática variada, segundo a onda mental que emitimos, retratando-nos todos os pensamentos em cores e imagens que nos respondem aos objetivos e escolhas, enobrecedoras ou deprimentes".

CAMPO DA AURA - Articulando, ao redor de si mesma, as radiações das sinergias funcionais das agregações celulares do campo físico ou do psicossomático, a alma encarnada ou desencarnada está envolvida na própria aura ou túnica de forças eletromagnéticas, em cuja tessitura circulam as irradiações que lhe são peculiares.

Evidenciam-se essas irradiações, de maneira condensada, até um ponto determinado de saturação, contendo as essências e imagens que lhe configuram os desejos no mundo íntimo, em processo espontâneo de autoexteriorização, ponto esse do qual sua onda mental se alonga adiante, atuando sobre todos os que com ela se afinem e recolhendo naturalmente a atuação de todos os que se lhe revelam simpáticos.

E, desse modo, estende a própria influência, que, à feição do campo proposto por Einstein, diminui com a distância do fulcro consciencial emissor, tornando-se cada vez menor, mas a espraiar-se no Universo infinito.

[+]

• *Evolução em Dois Mundos* - XVII - André Luiz (Chico Xavier e Waldo Vieira) - FEB

CONSTITUIÇÃO DO SER HUMANO

ALLAN KARDEC pesquisou profunda e sistematicamente a questão da constituição humana e chegou à conclusão de que o homem é dotado de três corpos:

1. Corpo animal ou material: corpo orgânico, sujeito à morte.

2. Perispírito (ou corpo bioplasmático): corpo espiritual de constituição semimaterial, com energias espirituais e materiais em mistura, destinado a ligar a alma ao corpo, com o qual seguimos vivos após a morte do corpo material. Esse corpo não está sujeito à morte material, mas à transformação, sujeito à destruição por abusos do espírito no plano espiritual inferior e às modificações exigidas por futura reencarnação, para se adaptar a novas formas e a novas determinações genésicas e hereditárias.

3. Corpo espiritual superior: desprovido de matéria, em que o espírito está livre daquele envoltório. Esse corpo é inacessível a nossa percepção. É o corpo natural do espírito em seu estado de pureza espiritual e só pode ser usado pelas entidades que atingiram o estado de perfeição máxima (possível à criatura humana), não necessitando mais reencarnar.

[+]

• *Curso Dinâmico de Espiritismo* – capítulo 14, Os três corpos do homem – Herculano Pires

DIFICULDADES PARA A REENCARNAÇÃO

A REENCARNAÇÃO DE UM ESPÍRITO é um processo muito complexo e que exige a participação de vários espíritos, muitos deles com razoável evolução espiritual. Existem equipes espirituais que são especializadas nesse procedimento e são responsáveis pela maior parte das reencarnações que ocorrem na Terra. Eles são chamados de Construtores por André Luiz no *livro Missionários da Luz*. Uma gravidez nunca é fruto apenas de um "pequeno descuido". Se não houver a aproximação do espírito reencarnante, o concurso dos espíritos construtores e a autorização da espiritualidade superior, então não ocorrerá a gravidez. Não existe a possibilidade de uma mulher ficar grávida sem a devida autorização espiritual. É importante lembrar que, antes mesmo de a gravidez ser fisicamente diagnosticada, o perispírito do bebê se encontra ligado ao da mãe, sofrendo influência direta de tudo que ela pensa e sente.

Reencarnar é um privilégio. Esse fenômeno

chamado Vida é uma verdadeira maravilha, um presente de Deus para o progresso e felicidade humana.

[+]

• *Missionários da Luz* – Francisco Cândido Xavier, pelo espírito André Luiz

FLUÍDO VITAL

O FLUIDO VITAL, também chamado de princípio vital, é uma forma modificada do fluido cósmico universal. Ele é o elemento básico da vida. Vida aqui considerada no sentido atribuído pela ciência, que se caracteriza pelos fenômenos do nascimento, crescimento, reprodução e morte. Nessa categoria não se incluem os espíritos, já que não satisfazem pelo menos às duas últimas condições: reprodução e morte. Em Gabriel Delanne (*A Evolução Anímica*) encontraremos literalmente: "a alma não é vivente", porque seja mais e melhor: tem "existência integral".

Em *A Gênese*, Kardec assegura que "pela morte, o princípio vital se extingue". De fato é a existência, ou não, de fluido vital que distingue um corpo vivo de outro sem vida. A diferença entre uma árvore viva e um pedaço de madeira é justamente a presença do fluido vital na primeira e sua ausência na segunda.

Apesar de já contarmos, ao nascer, com certa quantidade de fluido vital, o nosso corpo precisa ser constantemente suprido deste fluido, em razão da sua constante utilização, principalmente nos processos ligados ao metabolismo. É, contudo, característica dos seres vivos a capacidade de produzir fluido vital, continuamente, a partir do fluido cósmico universal, como também a capacidade de absorvê-lo diretamente a partir dos próprios alimentos. Outra possibilidade de absorção do fluido vital é através da transfusão fluídica. Kardec refere claramente essa possibilidade quando afirma que "O fluido vital se transmite de um indivíduo a outro". É justamente essa propriedade, característica do fluido vital, um dos fundamentos em que se baseia o passe.

[+]

• *Livro dos Espíritos* - questões de 60 a 67 . capítulo IV – Do princípio vital

• *Gênese* - capítulo X

• *Livro dos Médiuns* - 2ª parte, capítulo IV

MATERIALIZAÇÃO DE ESPÍRITOS

TRATA-SE DE UM FENÔMENO de mediunidade de efeitos físicos (ectoplasmia), quando um ser ou objeto de outra dimensão (espiritual) torna-se visível e tangível, por condensação de substância sutil (ectoplasma) que se desprende do médium. A formação ectoplasmática dos espíritos pode ser parcial (dedos, mãos, braços, rostos) ou total (corpo inteiro), com substância luminosa ou não. Sob o aspecto da tangibilidade, as formações ectoplasmáticas podem ser do tipo rarefeito, de pouca densidade, mais denso e opaco, com bastante nitidez e denso com solidez e tangibilidade total.

As ações desenvolvidas pelos efeitos dessa mediunidade afetam o ambiente material, e por isso são denominadas de efeitos físicos. Os fenômenos de efeitos físicos resultam da ação dos espíritos sobre os fluidos até chegar a produzir resultados perceptíveis no mundo material. Os efeitos dessa mediunidade são percebidos por qualquer pessoa que os possa presenciar.

O efeito físico é o resultado da combinação dos

fluidos do espírito, do ectoplasma do médium e dos fluidos do ambiente. Com esses três elementos, o espírito gera o fenômeno, o anima e o controla pelo pensamento.

[+]

• *A Matéria Psi* – Hernani Guimarães Andrade

MARLENE NOBRE

MARLENE ROSSI SEVERINO NOBRE nasceu em 1937, em Severínia, interior de São Paulo, filha de pais espíritas – Pedro Severino Júnior, de Monte Azul Paulista (SP), e Ida Rossi Severino, de Guariba (SP), ambos comprometidos com a causa espírita desde solteiros.

Em 1957 Marlene iniciou o curso de Medicina na Faculdade Federal do Triângulo Mineiro, em Uberaba (MG). Foi em outubro de 1958, às vésperas da mudança de Chico Xavier para a cidade, que teve a oportunidade de conhecer o médium, quando ele pediu ao colega de faculdade de Marlene, Waldo Vieira, que a levasse até ele. A estudante já havia lido suas obras e ficou admirada com o convite que recebeu para que trabalhasse com ele nas sessões públicas da Comunhão Espírita

Cristã, a partir de janeiro de 1959, quando ele já estaria instalado definitivamente em Uberaba. E foi o que aconteceu. Durante quatro anos, de janeiro de 1959 a dezembro de 1962, ela esteve diretamente ligada ao Movimento Espírita em Uberaba, particularmente aos trabalhos da Comunhão Espírita Cristã (CEC), com Chico Xavier. Além das tarefas nas sessões públicas da CEC, deu aulas de moral cristã na Evangelização Infantil do Centro Espírita Uberabense e fez dois programas de rádio. Mesmo tendo se mudado para São Paulo, em 1963, a amizade com o médium permaneceu a mesma, até a sua desencarnação, em 2002.

"Guardo desse período da minha vida as mais gratas lembranças. Fui profundamente marcada pela bondade de Chico Xavier, por sua humildade genuína. Por isso mesmo, reconheço a enorme distância que nos separa do ponto de vista espiritual e a grande responsabilidade que assumi por ter trabalhado com ele e tomado conhecimento de sua obra", costumava declarar.

De 1963 a 1967, Marlene foi estagiária do professor dr. José Medina no Departamento de Ginecologia e Obstetrícia do Hospital das Clínicas de São Paulo. Posteriormente, estagiou nos hospitais Broca e Boucicault, ambos em Paris. Em 1968 começou a trabalhar para o Instituto de Previdência (Inamps), onde se aplicou por 30 anos no serviço de prevenção do câncer em senhoras.

Com a fundação do Grupo Espírita Cairbar Schutel, nasceu também, em 16 de março de 1963, data em que Marlene deu seu primeiro atendimento médico aos mais carentes em Santo André (SP), a Creche Lar do Alvorecer. Na mesma data, três anos depois, ela foi instalada definitivamente no município vizinho, Diadema (SP).

Fundou com o esposo, em 1974, a *Folha Espírita*, e semanalmente divulgava a Doutrina em programas de rádio e televisão. Aposentou-se em 1994 e no ano seguinte assumiu a presidência da Associação Médico-Espírita do Brasil, acompanhando-a desde sua fundação, até sua desencarnação. Marlene também fez parte da primeira diretoria da Associação Médico-Espírita de São Paulo (AME-SP), fundada em 30 de março de 1968, da qual se originaram as outras AMEs, inclusive a brasileira.

Marlene foi uma das principais conferencistas do movimento espírita no Brasil e escreveu diversos livros que são referência para estudo nas casas espíritas.

Salomé

Com uma narrativa intensa e contagiante, Salomé entrelaça a história de vários personagens em uma trama que se desdobra a partir do encontro casual entre Laila – uma adolescente do Afeganistão – e Rafaela – uma bem-sucedida jornalista brasileira. Nasce entre elas uma amizade que modificara muitas vidas. Com o mundo novo, uma nova humanidade. Surge uma mulher que encanta pela maneira como transforma a realidade. Uma força que deixa rastros de suavidade e ternura. São chegados os tempos de regeneração da Terra. Entre o velho e o novo mundo, surge uma mulher diferente.

SANDRA CARNEIRO pelo espírito LUCIUS

576 pág. | 16x23cm | ISBN 978-85-89202-38-1

Jornada dos Anjos

Depois de Exilados por Amor, a Jornada continua...
Acompanhando a trajetória de Constantino, Fausta, Jan Huss, Jerônimo de Praga, Ernesto, Elvira, entre outros personagens, iremos conhecer os bastidores espirituais de momentos cruciais que marcaram a história.

Jornada dos Anjos alcança os dias atuais, no turbilhão dos acontecimentos que envolvem este período de transição da Terra, que passa de um mundo de provas e expiações para um mundo de regeneração.

SANDRA CARNEIRO pelo espírito LUCIUS

576 pág. | 16x23cm | ISBN 978-85-89202-10-7

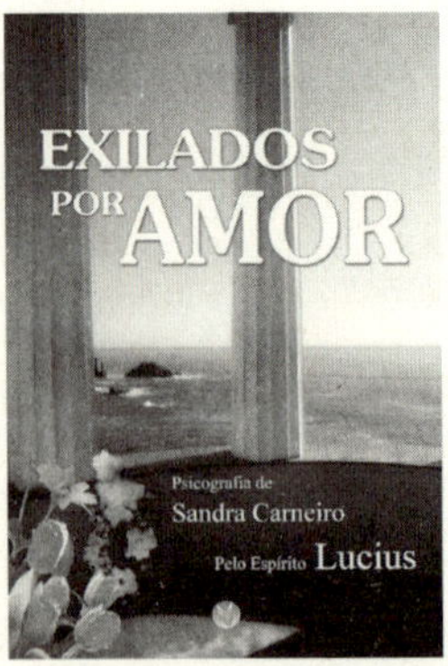

Exilados por Amor

Um convite a uma emocionante viagem no tempo e no espaço, acompanhando a trajetória de Ernesto, habitante de um orbe do sistema de Capela, que é exilado de seu mundo e enviado para a Terra.

Este romance é um alerta quanto à urgência de despertarmos nossa consciência para as verdades eternas, sobretudo para o amor, única maneira de conseguirmos aproveitar as oportunidades da presente encarnação – que, para muitos, pode ser a última em nosso planeta.

SANDRA CARNEIRO pelo espírito LUCIUS

352 pág. | 14x21cm | ISBN 978-85-89202-05-3

Renascer da Esperança

A esperança é uma das mais extraordinárias forças que vibram no interior do homem. É ela que confere ânimo e faz brotar no ser humano a coragem para avançar em seu caminho de evolução. Lucius nos conduz a testemunhar a experiência de homens e mulheres que enfrentaram seu destino e viram a esperança renascer em seus corações, vivendo o momento histórico em que novo alento chegava à Terra: a revelação espírita acontecia por todo o mundo.

SANDRA CARNEIRO pelo espírito LUCIUS

392 pág. | 16x23cm | ISBN 978-85-89202-03-8

Horizonte Vermelho

Na fascinante Irlanda do século 12, o reencontro de Patrick Castle, cavaleiro cruzado, e Eugene, jovem e voluntariosa camponesa; o reencontro de um amor que atravessara os séculos. Mais uma vez a vida os coloca diante de desafios que somente poderão ser superados com a compreensão das leis divinas.

ELIZABETH PEREIRA

640 pág. | 16x23cm | ISBN 978-85-89202-11-4

Em nome de Kardec

Com esta obra, compreendemos melhor o período histórico seguinte ao desencarne de Allan Kardec. Os erros e acertos cometidos em nome do Codificador. Os movimentos que levaram à derrocada e ao desaparecimento do espiritismo na França. A incansável luta dos pioneiros Amélie Boudet, Berthe Fropo e Gabriel Delanne.

A Filosofia Espírita emerge de suas páginas ainda mais bela, forte e cristalina, tocando as fibras mais sensíveis do coração.

ADRIANO CALSONE

288 pág. | 16x23cm | ISBN 978-85-89202-43-5

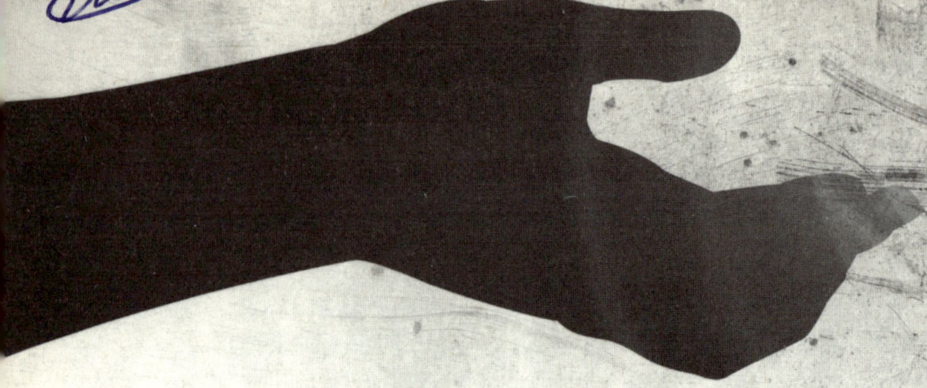